RAYMOND A. MOODY, JR.

VIDA
DESPUÉS DE LA
VIDA

Y
REFLEXIONES
SOBRE VIDA DESPUÉS
DE LA VIDA

Testimonios de casos reales
revelan que hay vida después de la muerte

Vida después de la vida
Título original inglés: *Life after Life*
Traducción: Rafael Lassaletta

© 1975. Raymond A. Moody, Jr.

Reflexiones sobre Vida después de la vida
Título original inglés: *Reflections on Life after Life*
Traducción: Andrés Linares
© 1977. Raymond A. Moody, Jr.

© 2013. De esta edición Editorial EDAF, S. L. U., por acuerdo con Mockingbird Books, Inc., c/o nat Sobel Associates Inc., 747 Third Avenue, New York, 10017

© Diseño de cubierta: Gerardo Domínguez

Editorial EDAF, S. L. U.
Jorge Juan, 68. 28009 Madrid
http://www.edaf.net
edaf@edaf.net

Algaba Ediciones, S.A. de C.V.
Calle, 21, Poniente 3323, Colonia Belisario Domínguez
Puebla, 72180, México.
Tfno.: 52 22 22 11 13 87
edafmexicoclien@yahoo.com.mx

Edaf del Plata, S. A.
Chile, 2222
1227 - Buenos Aires, Argentina
edafdelplata@edaf.net

Edaf Antillas, Inc
Av. J. T. Piñero, 1594 - Caparra Terrace (00921-1413)
San Juan, Puerto Rico
edafantillas@edaf.net

Edaf Chile, S.A.
Coyancura, 2270, oficina 914, Providencia
Santiago - Chile
edafchile@edaf.net

2.ª edición, noviembre 2013

Depósito legal: M-16.598-2013
ISBN: 978-84-414-3305-2

PRINTED IN SPAIN   IMPRESO EN ESPAÑA
Imprime: Cofas, S. A. -Móstoles- Madrid

RAYMOND A. MOODY, JR.

VIDA
DESPUÉS DE LA
VIDA

www.edaf.net

MADRID - MÉXICO - BUENOS AIRES - SAN JUAN - SANTIAGO

2013

I

Nuevos elementos

*Al doctor George Ritchie y, con su mediación,
a Aquel que él sugirió.*

Reconocimientos

S ON muchos los que me han alentado y ayudado durante la investigación y redacción del libro, y sin ellos no hubiera podido completar el proyecto. Mi buen amigo John Ouzts me animó a dar la primera conferencia sobra el tema. John Egle, de Mockingbird Books, me propuso plasmar en su libro mis descubrimientos, proporcionándome apoyo y aliento en todo el proceso. Leonard, Mae, Becky y Scott Brooks me suministraron alojamiento, alimento y medios de transporte siempre que lo necesité. Kathy Tabakian me acompañó en varias de las entrevistas y me ha beneficiado de las largas discusiones que con ella he tenido. Russ Moores, Richard Martin y Ed McCranie, del Colegio Médico de Georgia, me ofrecieron válidas sugerencias y referencias a textos relevantes. Mi esposa pasó muchas horas revisando el manuscrito y la copia mecanografiada.

Finalmente, me gustaría dar las gracias a todos los que me contaron sus encuentros con la muerte. Solo deseo que este libro sea digno de la confianza que todos los mencionados han puesto en mí.

Prólogo a esta edición

Pocos son los libros que modifican conceptos y creencias arraigados poderosamente en la conciencia colectiva de una sociedad y, a su vez, abren un debate intenso y enriquecedor. *Vida después de la vida* es uno de ellos.

Cuando en el decenio de 1970 un joven médico norteamericano sacó a la luz el resultado de sus investigaciones en torno a personas declaradas clínicamente muertas, y que después habían sido reanimadas, pocos sospecharon la repercusión que estos testimonios iban a tener en la sociedad.

Desde entonces no es posible concebir ningún estudio, debate o planteamiento referido a experiencias próximas a la muerte que no tenga en consideración el trabajo del doctor Moody contenido en esta obra.

No nos corresponde especular sobre dichas experiencias. Hoy son ya de dominio público y han sido narradas por miles de personas que aseguran verse fuera de sus cuerpos mientras contemplan la escena flotando por encima de personas y objetos sin poder tocarlos. Tampoco son ya extraños ni el túnel que afirman recorrer, en cuyo final luminoso encuentran habitualmente a amigos y parientes ya fallecidos que les dan la bienvenida cariñosamente, ni mucho menos el estado de paz y alegría que los envuelve y elimina el miedo a la muerte para el resto de sus vidas. Nada de esto nos resulta ajeno. Hoy son cientos los libros y artículos publicados sobre el tema desde aquella fecha, y son numerosas las personas que han continuado esta misma línea de investigación y han recopilado miles de nuevos testimonios, y es rara la persona que no conozca o no haya oído hablar de alguien que haya vivido esta experiencia.

No obstante, muchas fueron las voces que se levantaron escandalizadas ante la investigación, e incluso declaraban como falsos los mismos testimonios de las *personas que habían tenido el valor de narrar su experiencia sin importarles ser consideradas como locas. Otras, sin embargo, aplaudieron el mérito indudable de haber llevado a cabo un estudio sobre un tema tabú por excelencia, y se multiplicaban los interrogantes abiertos que planteaba la sorprendente coincidencia en los puntos más importantes de las experiencias relatadas. Y fue el lector, como casi siempre, el que avaló con su aceptación masiva un libro destinado, a priori, a integrar el catálogo de obras de minorías, especializadas, raras y curiosas.*

Naturalmente, el tema no está agotado, ni mucho menos. La curiosidad científica del doctor Moody lo ha llevado a continuar sus investigaciones en torno a la muerte, esta vez en un campo aún más polémico: la posibilidad de contactar con personas fallecidas. Ahí están los resultados en un nuevo libro, Más sobre Vida después de la vida, *que también hemos tenido el placer de publicar en español. Su contenido ha vuelto a significar un punto de inflexión, ya que sus aportaciones desechan prejuicios y abren interrogantes que no pueden ser ignorados por nadie que tenga un mínimo de interés por los grandes enigmas que han rodeado al hombre en torno a la muerte.*

Finalmente, como editores, nos queda la satisfacción de haber llevado al lector español un libro que ya ha entrado por méritos propios en la categoría de clásico, y, cómo no, agradecerle la respuesta con la que, durante décadas, ha demostrado su sensibilidad y criterio a la hora de valorar obras valientes e innovadoras.

Respecto al doctor Moody, hay que decir que no ha perdido un ápice de su talante científico, de su buen humor, de su calidad humana ni de su espíritu emprendedor: todo ello lo testimonian las decenas de conferencias que anualmente imparte en todo el mundo y las novedades editoriales con las que invariablemente nos sorprende y nos estimula una y otra vez a revisar conceptos y creencias que considerábamos inamovibles.

Por estas razones, gracias a todos, autor y lectores, y confiamos en continuar siendo un eficaz elemento transmisor entre ambos. Para nosotros es una gran satisfacción.

LOS EDITORES

Prefacio

HE tenido el privilegio de leer la copia previa a la publicación del libro y me complació que al doctor Moody, joven erudito, haya tenido el coraje de reunir sus descubrimientos y realizar este nuevo tipo de investigación, tan útil para la gran masa de público.

Desde hace veinte años vengo dedicándome a pacientes en la última fase de su enfermedad, por lo que he experimentado una preocupación creciente ante el fenómeno de la muerte. Hemos aprendido mucho sobre dicho proceso, pero quedan sin responder muchas de las preguntas sobre el momento de la muerte y las experiencias que tienen nuestros pacientes a partir del instante en que se los declara clínicamente muertos.

La investigación que el doctor Moody presenta en este libro iluminará muchas de ellas, confirmando al tiempo lo que se nos ha dicho durante dos mil años: que existe vida tras la muerte. Aunque no afirma haber estudiado la muerte misma, es evidente, a partir de sus hallazgos, que el paciente continúa consciente del entorno tras haber sido declarado clínicamente muerto. Ello coincide con mi propia investigación, basada en los relatos de pacientes que han muerto y han regresado, contra lo que era de esperar, y ante la sorpresa de expertos y bien conocidos médicos.

Todos los pacientes han experimentado la sensación de flotar fuera del cuerpo, unida a la de una gran paz y una percepción de totalidad. Casi todos eran conscientes de otra persona que los ayudaba en la transición a otro plano de existencia. Muchos eran recibidos por seres amados que habían muerto antes o por un personaje religioso que había sido significativo en su vida y que, como es natural, coincidía con sus creencias religiosas. Me llena de aliento leer el libro del doctor Moody en el momento en que me encontraba dispuesta a poner sobre el papel los resultados de mis propias investigaciones.

El doctor Moody ha de estar preparado para recibir muchas críticas, provenientes ante todo de dos áreas. Una de ellas compuesta de miembros del clero que se sentirán molestos de que alguien se atreva a investigar un terreno que se supone tabú. Algunos representantes religiosos de una iglesia sectaria ya han expresado sus críticas ante estudios como este. Uno de ellos se refería a estos como «vendedores de la gracia a precio de saldo». Otros pensaban que la cuestión de la vida en el más allá debía ser aceptada con fe ciega y no ser cuestionada por nadie. El segundo grupo del que el doctor Moody puede esperar criticas está compuesto de científicos y médicos que considerarán su estudio «acientífico».

Creo que hemos llegado a una era de transición en nuestra sociedad. Hemos de tener el coraje de abrir nuevas puertas y admitir que nuestras actuales herramientas científicas son inadecuadas para muchas de las nuevas investigaciones. Confío en que este libro las abra a quienes poseen una mente abierta y en que les dará esperanza y valor para evaluar las nuevas áreas de investigación. Ellos comprenderán que los descubrimientos aquí citados son verdaderos, pues están escritos por un investigador genuino y honesto. Son corroborados por mi propia investigación y por los hallazgos de otros científicos serios, de eruditos y de clérigos que han tenido la valentía de investigar este nuevo campo con el deseo de ayudar a quienes necesitan conocer

Recomiendo el libro a todos los que mantengan abierta su mente, y felicito al doctor Moody por el valor que ha demostrado al imprimir sus descubrimientos.

ELISABETH KÜBLER-ROSS, M. D.*
Flossmoor, Illinois

---

* Elisabeth Kübler-Ross fue una prestigiosa psiquiatra suizo-estadounidense, reconocida mundialmente como experta en la muerte, y fue pionera en el estudio y la investigación de las experiencias cercanas a la muerte. Murió en 2004, en Arizona.

Introducción

Este libro, en cuanto que es obra humana, refleja los antecedentes, opiniones y prejuicios de su autor. Por ello, y a pesar de la objetividad que me he esforzado en imprimirle, pueden ser útiles algunos datos sobre mi persona en el momento de evaluar algunas de las extraordinarias afirmaciones que en él se hacen.

En primer lugar, nunca he estado cerca de la muerte, por lo que no se trata de un relato de primera mano sobre experiencias propias. Sin embargo, no puedo por ello reivindicar una objetividad total, ya que mis emociones han estado implicadas en el proyecto. Mientras escuchaba el relato de las fascinantes experiencias de que trata este libro, llegaba casi a la sensación de estar viviéndolas. Espero que tal actitud no haya comprometido la racionalización y equilibrio de mi aproximación al tema.

En segundo lugar, el que escribe no está ampliamente familiarizado con la abundante literatura sobre hechos paranormales y ocultos. No lo digo por menospreciarla, pues estoy convencido de que un mejor conocimiento de ella hubiera ampliado mi comprensión de los hechos estudiados. De hecho, tengo la intención de analizar más profundamente algunos de esos libros para comprobar hasta qué punto las investigaciones de otros son confirmadas por las mías.

Mi educación religiosa merece algún comentario. Mi familia acudía a la iglesia presbiteriana, pero mis padres nunca intentaron imponer sus creencias o conceptos religiosos a sus hijos. Conforme iba creciendo, se limitaron a estimular cualquier interés que desarrollara por mí mismo, facilitándome oportunidades para ello. En consecuencia, tuve una «religión» compuesta no por una serie de doctrinas fijas, sino por cuestiones, enseñanzas y doctrinas religiosas y espirituales. Creo que todas las religiones humanas tienen muchas verdades que comunicarnos y que ninguno de nosotros posee todas las respuestas a las verdades profundas y fundamentales con que trata la religión. Por lo que se refiere a mi adscripción a una organización particular, soy miembro de la Iglesia metodista.

En cuarto y último lugar, mis antecedentes académicos y profesionales son algo diversos; algunos dirían fraccionarios. Me gradué en filosofía en la Universidad de Virginia y me doctoré en esa materia en 1969. Me he interesado especialmente por la ética, la lógica y la filosofía del lenguaje. Tras enseñar filosofía durante tres años en una universidad del oeste de Carolina del Norte, cursé estudios en una facultad de medicina con la finalidad de convertirme en psiquiatra y enseñar filosofía de la medicina en una facultad médica. Todos esos anhelos y experiencias han contribuido, lógicamente, a dar forma a la aproximación que he adoptado en este estudio.

Espero que el libro llamará la atención sobre un fenómeno muy extendido y al mismo tiempo bien oculto y que, al mismo tiempo, creará una actitud pública más receptiva sobre la materia. Estoy firmemente convencido de que tiene un gran significado, no solo para muchos campos académicos y prácticos —especialmente psicología, psiquiatría, medicina, filosofía, teología y sacerdocio—, sino también para la forma en que vivimos nuestra existencia cotidiana.

Permítaseme decir desde el principio que, por motivos que explicaré más tarde, no estoy intentando demostrar que exista vida después de la muerte. Ni siquiera pienso que una «prueba» de este tipo sea posible hoy en día. Se debe en parte a esto que haya evitado el uso de nombres reales y disfrazado algunos de los detalles que podrían servir de identificación, aunque dejando siempre sin cambiar el contenido. Ha sido necesario para proteger la vida privada de los individuos implicados y, en muchos casos, para obtener el permiso de publicación de las historias que me relataron.

A muchos las afirmaciones que se hacen en este libro les parecerán increíbles y su primera reacción será de rechazo. De nada puedo culparlos, pues esa hubiera sido precisamente mi reacción hace tan solo unos cuantos años. No pido que nadie acepte y crea los contenidos de este libro basándose solo en mi autoridad. Por el contrario, como lógico que rechaza la aproximación a una creencia basándose en ilícitas apelaciones a una autoridad, pido expresamente que nadie lo haga así. Solo deseo que cualquiera que no crea en lo que lee indague un poco por sí mismo. Es lo que yo he hecho durante algún tiempo. De los que lo han aceptado, ha habido muchos que, escépticos al principio, han llegado a compartir mi asombro ante estos acontecimientos.

No dudo, además, que muchos se sentirán aliviados al leerlo, pues descubrirán que no han sido los únicos en haber tenido tal experiencia. A ellos —especialmente si, como ha ocurrido con frecuencia, solo se han confiado a unas pocas personas— solo puedo decirles que espero que este libro los anime a hablar más libremente, para que una de las facetas más problemáticas del alma humana pueda ser más claramente elucidada.

1

El fenómeno de la muerte

¿Qué es la muerte?

La humanidad ha venido haciéndose esa pregunta desde el principio. En los últimos años he tenido la oportunidad de plantearla ante gran número de auditores, desde mis alumnos de psicología, filosofía y sociología, hasta los que me han escuchado en organizaciones religiosas, en mis debates en la televisión, o los que lo han hecho en clubes cívicos y en las sociedades profesionales de médicos. Por la experiencia que he obtenido en esos años de exposición, puedo decir que el tema excita poderosos sentimientos en individuos emocionalmente diferentes y de muchas clases sociales.

A pesar del interés, sigue siendo cierto que a muchos de nosotros nos es muy difícil hablar de la muerte, y ello principalmente por dos razones. Una de ellas es de carácter psicológico y cultural: es un tema tabú. Tenemos la sensación, quizá solo subconscientemente, de que cualquier forma de contacto con la muerte, por muy indirecta que sea, nos enfrenta con la perspectiva de la nuestra; la hace más cercana y real. Por ejemplo, la mayor parte de los estudiantes de medicina, yo incluido, han descubierto que incluso el encuentro remoto con ella, que se produce en la primera visita a los laboratorios anatómicos nada más entrar en una facultad de medicina, provoca fuertes sentimientos de inquietud. En mi caso la razón de esa respuesta me parece ahora obvia. Con la perspectiva de los años pasados me doy cuenta de que no me sentía implicado con la persona cuyos restos estaba viendo, aunque también había algo de eso. Lo que vi sobre la mesa fue el símbolo de mi propia mortalidad. En cierta manera, quizá solo preconscientemente, por mi mente debió cruzar este pensamiento: «A mí también me ocurrirá».

Asimismo, hablar de la muerte puede considerarse, a nivel psicológico, como otra forma de aproximación indirecta. Sin duda, mucha gente siente que hablar de ella equivale a evocarla mentalmente, a acercarla de tal forma que haya que enfrentarse a la inevitabilidad de propio fallecimiento. Por tanto, para ahorrarnos el trauma psicológico, decidimos evitar el tema siempre que nos sea posible.

La segunda razón de la dificultad de discutir la muerte es más complicada y se relaciona con la naturaleza del lenguaje. En su mayor parte las palabras del lenguaje humano aluden a las cosas que hemos experimentado con nuestros sentidos físicos. Sin embargo, la muerte es algo que recae más allá de la experiencia consciente de la gran mayoría de nosotros, pues nunca hemos pasado por ella.

Si hemos de hablar de ese tema, tendremos que evitar los tabúes sociales y los dilemas lingüísticos profundamente arraigados derivados de nuestra inexperiencia. Lo que a menudo terminamos haciendo es utilizar analogías eufemísticas, compararla con cosas más agradables de nuestra experiencia, con cosas que nos son familiares.

Quizá la analogía más común sea la comparación entre muerte y sueño. Morir, nos decimos, es como dormirse. Esta figura del lenguaje es muy común en el pensamiento y lenguaje de cada día, así como en la literatura de muchas culturas y épocas. Incluso era corriente en la Grecia clásica. En la *Ilíada*, por ejemplo, Homero llama al sueño, «hermano de la muerte», y Platón, en su diálogo la *Apología*, pone las siguientes palabras en boca de Sócrates, su maestro, que acaba de ser sentenciado a muerte por un jurado ateniense.

[Si la muerte es solo dormirse sin sueños], debe ser un maravilloso premio. Imagino que si a alguien se le dijese que escogiera la noche en que durmió tan profundamente que ni siquiera soñó y la comparase con el resto de noches y días de su vida y que dijese entonces, tras la debida consideración, cuántos días y noches más felices había tenido, creo que... [cualquiera] se daría cuenta de que esas noches y días son fáciles de contar en comparación con el resto. Si la muerte es así, la considero ventajosa, pues todo el tiempo, si la miramos de esa forma, puede tomarse como una sola noche[1].

La misma analogía encierra nuestro lenguaje contemporáneo. Consideremos la frase «hacer dormir». Cuando se lleva un perro al veterinario para que lo haga dormir (que lo mate), nos referimos a algo muy distinto a cuando decimos lo mismo a un anestesiólogo con respecto a un familiar. Otros prefieren una analogía diferente, aunque de algún modo relacionada. El morir, dicen, es como olvidar. Al morir, se olvidan todas las aflicciones; se borran todos los recuerdos dolorosos.

Por antiguas y extendidas que sean, ambas analogías, la del «sueño» y la del «olvido», son totalmente inadecuadas para confortarnos. Son maneras diferentes de hacer la misma aserción. Aunque lo digan de forma más aceptable, en ambas está implícita la idea de que la muerte es la aniquilación, para siempre, de la experiencia consciente. Entonces, la muerte no tiene ninguno de los rasgos agradables del sueño y el olvido. Dormir es una experiencia positiva y agradable porque va seguida del despertar. Una noche de sueño profundo permite que las horas que siguen sean más agradables y productivas. Sin la condición del despertar no existirían los beneficios del sueño. De igual modo, la aniquilación de toda experiencia consciente no implica solo la desaparición de los recuerdos desgraciados, sino también la de los felices. En consecuencia, ninguna analogía nos proporciona realmente alivio o esperanza frente a la muerte.

Hay otro punto de vista que rechaza la noción de que la muerte sea la aniquilación de la conciencia. Según esta tradición, posiblemente más antigua, algún aspecto del ser humano sobrevive cuando el cuerpo físico deja de funcionar y acaba por destruirse. Este aspecto ha recibido muchas denominaciones, como psique, alma, mente, espíritu, ser y conciencia. Con uno u otro nombre la noción del paso a otra esfera de existencia tras la muerte

---

[1] Platón, *Los últimos días de Sócrates*. Traducido directamente de la versión inglesa de Hugh Tredennick (Penguin Books, Baltimore, 1959), pág. 75.

física es una de las más venerables de las creencias humanas. En Turquía existe un cementerio que fue utilizado por los hombres del Neanderthal hace cien mil años. Sus restos fosilizados han permitido a los arqueólogos descubrir que aquellos hombres primitivos enterraban a sus muertos en féretros de flores, lo que nos indica que quizá consideraron la muerte como ocasión de celebración; como transición del muerto de este mundo a otro. Las tumbas de hombres primitivos que encontramos en todo el mundo sirven de evidencia de la creencia en la supervivencia en la muerte corporal.

En resumen, nos enfrentamos con dos respuestas opuestas a nuestra pregunta sobre la naturaleza de la muerte, ambas originadas en tiempos antiguos y ambas ampliamente sostenidas hoy en día. Unos dicen que la muerte es la aniquilación de la conciencia; otros, con igual seguridad, que es el paso del alma o mente a otra dimensión de la realidad. En el resto del libro no deseo rechazar ninguna de las respuestas; solo pretendo informar de los resultados de una investigación que he acometido personalmente.

En los últimos años me he encontrado con gran número de personas que han pasado por lo que llamaremos «experiencias cercanas a la muerte». Las he conocido de diversas formas. Al principio fue por coincidencia. En 1965, cuando era estudiante de Filosofía en la Universidad de Virginia, conocí a un profesor de psiquiatría de la facultad de Medicina. Desde el primer momento quedé sorprendido por su amabilidad y cordialidad, pero la sorpresa fue mayor cuando, posteriormente, me enteré de que había estado «muerto» —en dos ocasiones, con diez minutos de intervalo— y que hizo un fantástico relato de lo que le ocurrió en aquel estado. Más tarde lo oí relatar su historia a un pequeño grupo de estudiantes interesados. Quedé muy impresionado, pero, como carecía de capacidad para juzgar tales experiencias, me limité a archivarla, tanto en mi mente como en una cinta en la que había grabado la charla.

Unos años después, tras haber recibido el doctorado en Filosofía, era profesor en una universidad del este de Carolina del Norte. En uno de los cursos mis alumnos leían el *Fedón* de Platón, obra en la que la inmortalidad es una de las materias discutidas. En las clases había enfatizado las otras doctrinas presentadas por Platón en el libro, pasando por alto la discusión de la vida posterior a la muerte. Un día, al acabar la clase, un estudiante me detuvo para hablar conmigo. Me preguntó si podíamos discutir el tema de la inmortalidad. Le interesaba porque su abuela había «muerto» durante una operación y le contó una sorprendente experiencia. Le pedí que me hablara de ella y, para mi sorpresa, me relató casi la misma serie de acontecimientos que había oído al profesor de psiquiatría unos años antes.

A partir de ese momento mi búsqueda de casos se hizo más activa y comencé a incluir lecturas sobre la supervivencia humana a la muerte biológica en mis cursos de filosofía. Decidí, sin embargo, no incluir en ellos las dos experiencias que me fueron relatadas, adoptando la prudente actitud de esperar y ver. Pensaba que si esos informes eran muy comunes llegaría a conocer más de ellos si introducía el tema general de la supervivencia en las discusiones filosóficas; expresaba una actitud de simpatía ante la cuestión y esperaba. Quedé realmente sorprendido cuando descubrí que, de cada clase de treinta alumnos, uno al menos venía a verme después de la lección y me contaba una experiencia personal cercana a la muerte.

Lo que más me llamó la atención desde que se despertó mi interés fue la gran similitud de las historias, a pesar del hecho de haber sido vividas por gente de muy diversos antecedentes religiosos, sociales y culturales. En 1972 me matriculé en una facultad de Medicina y conocía ya varias experiencias de ese tipo. Comencé a hablar del estudio informal que estaba haciendo a alguno de los médicos que conocía. Finalmente, un amigo me habló de dar una charla en una sociedad médica y otras conferencias públicas le siguieron. De nuevo se repitió el hecho de que tras cada charla alguien venía a contarme una experiencia personal.

Cuando fui más conocido por mi interés en el tema, los doctores comenzaron a ponerme en contacto con personas a las que habían resucitado y que contaban experiencias inusuales. También he recibido muchos informes por correspondencia tras la aparición en los periódicos de artículos sobre mis estudios.

En estos momentos conozco unos ciento cincuenta casos de este fenómeno. Las experiencias que he estudiado pertenecen a tres categorías distintas:

1) Experiencias de personas que han resucitado después de que sus médicos las consideraron clínicamente muertas.

2) Experiencias de personas que, en el curso de accidentes o enfermedades graves, han estado muy cerca de la muerte física.

3) Experiencias de personas que, al morir, hablaban con otras personas que se encontraban presentes. Posteriormente, estas últimas me informaron del contenido de la experiencia de la muerte.

La gran cantidad de material que puede obtenerse de ciento cincuenta casos me ha obligado, obviamente, a una selección. Por ejemplo, aunque he encontrado informes del tipo tercero que complementaban realmente los de los otros dos tipos, he dejado de considerarlos, por dos motivos: en primer lugar, me permite reducir el número de casos estudiados, con lo que resultan más manejables y, en segundo lugar, los limita dentro de lo posible a informes de primera mano. De esta forma he podido entrevistar con gran detalle a unas cincuenta personas y soy capaz de informar de sus experiencias. De los casos elegidos, los del tipo primero —en los que se produce realmente la aparente muerte clínica— son más dramáticos que los del segundo —en los que solo hay un encuentro cercano con la muerte—. Siempre que he dado conferencias sobre el fenómeno, los episodios de los «muertos» han atraído casi todo el interés. He leído algunas críticas en la prensa en las que me sugerían que solo debía tratar de ellos.

Al seleccionar los casos que quería presentar en este libro he evitado, sin embargo, la tentación de explayarme tan solo en los casos del primer tipo, pues, obviamente, los del segundo no son diferentes, sino que más bien forman continuidad con ellos. Además, aunque las experiencias cercanas a la muerte son muy similares, las personas que las describen y las circunstancias que las rodean varían mucho. En consecuencia, he tratado de dar una muestra de las experiencias que reflejan adecuadamente esa variación. Teniendo en cuenta todo ello, pasemos a considerar lo que puede ocurrir, por lo que he podido descubrir, en la experiencia de la muerte.

2

La experiencia de la muerte

A pesar de las diferencias en las circunstancias que rodean los casos próximos a la muerte y en los tipos de personas que los han sufrido, sigue en pie el hecho de que hay una notable similitud entre los relatos de las experiencias. De hecho, las similitudes entre los distintos informes son tan grandes que pueden elegirse fácilmente quince elementos separados y recurrentes entre el grupo de historias que he recogido. Sobre la base de esta semejanza construiré una experiencia breve, teóricamente «ideal» o «completa», que encierre todos los elementos comunes en el orden en que se han producido.

Un hombre está muriendo y, cuando llega al punto de mayor agotamiento o dolor físico, oye que su doctor lo declara muerto. Comienza a escuchar un ruido desagradable, un zumbido chillón, y al mismo tiempo siente que se mueve rápidamente por un túnel largo y oscuro. A continuación, se encuentra de repente fuera de su cuerpo físico, pero todavía en el entorno inmediato, viendo su cuerpo desde fuera, como un espectador. Desde esa posición ventajosa observa un intento de resucitarlo y se encuentra en un estado de excitación nerviosa.

Al rato se sosiega y se empieza a acostumbrar a su extraña condición. Se da cuenta de que sigue teniendo un «cuerpo», aunque es de diferente naturaleza y tiene unos poderes distintos a los del cuerpo físico que ha dejado atrás. Enseguida empieza a ocurrir algo. Otros vienen a recibirlo y ayudarlo. Ve los espíritus de parientes y amigos que ya habían muerto y aparece ante él un espíritu amoroso y cordial que nunca antes había

*visto —un ser luminoso—. Este ser, sin utilizar el lenguaje, le pide que
evalúe su vida y le ayude mostrándole una panorámica instantánea de los
acontecimientos más importantes. En determinado momento se encuentra
aproximándose a una especie de barrera o frontera que parece representar
el límite entre la vida terrena y la otra. Descubre que debe regresar a la
tierra, que el momento de su muerte no ha llegado todavía. Se resiste, pues
ha empezado a acostumbrarse a las experiencias de la otra vida y no quiere
regresar. Está inundado de intensos sentimientos de alegría, amor y paz.
A pesar de su actitud, se reúne con su cuerpo físico y vive.*

*Trata posteriormente de hablar con los otros, pero le resulta problemático hacerlo, ya que no encuentra palabras humanas adecuadas para
describir los episodios sobrenaturales. También tropieza con las burlas de
los demás, por lo que deja de hablarles. Pero la experiencia afecta profundamente a su existencia, sobre todo a sus ideas sobre la muerte y a su
relación con la vida.*

Hay que tener en cuenta que el relato anterior no trata de ser una
representación de la experiencia de una persona. Más bien es un «modelo», un compuesto de los elementos comunes encontrados en muchas
historias. Lo he incluido aquí como idea preliminar y general de lo que
puede experimentar una persona que está muriendo. Aclarado que es
una abstracción en lugar de una experiencia real, en el presente capítulo
discutiré con detalle cada uno de los elementos comunes, suministrando
varios ejemplos.

Sin embargo, antes de hacerlo así hay que dejar bien sentados unos
cuantos hechos con el fin de introducir en una estructura apropiada el resto
de mi exposición sobre la experiencia de la muerte.

1) A pesar de las sorprendentes similitudes entre los diversos relatos,
   ninguno de ellos es idéntico (aunque algunos se aproximen notablemente).

2) No he encontrado a nadie que informe de todos y cada uno de los
   detalles del modelo. Varios han citado a la mayoría (es decir, ocho o
   más de los quince) y unos pocos han informado hasta de doce.

3) Ningún elemento del modelo de experiencias ha sido proporcionado por todos los informadores. Sin embargo, alguno de los elementos tiene un carácter casi universal.

4) Ningún componente del modelo abstracto ha aparecido solo en un relato. Cada elemento ha aparecido en varias historias.

5) El orden en que una persona muerta pasa a través de los diversos estadios antes delineados puede variar del que ocupa en el «modelo teórico». Por ejemplo, varias personas afirman haber visto al ser luminoso antes, o al tiempo de abandonar el cuerpo físico, en lugar de como en el modelo, donde se produce poco después. Sin embargo, el orden que he dado es bastante típico y las variaciones no son frecuentes.

6) El grado en que una persona que está muriendo profundiza en la experiencia hipotética depende de si la persona sufre realmente una aparente muerte clínica y, en tal caso, del tiempo que permanece en ese estado. En general, las personas que estuvieron «muertas» dan un relato más vívido y completo de la experiencia que las que solo han estado cercanas a la muerte, y los que estuvieron «muertos» por un largo periodo profundizan más que los que han estado menos tiempo.

7) He hablado con algunos que fueron considerados muertos, pero resucitaron y regresaron sin informar de ninguno de estos elementos. Alegan que no recuerdan nada en absoluto de sus «muertes». También he entrevistado a personas que estuvieron clínicamente muertas en diferentes ocasiones con intervalos de años y no habían tenido experiencias en todos los casos.

8) Debo poner de relieve que estoy escribiendo sobre informes o relatos que se me han dado verbalmente en el curso de entrevistas. De este modo, cuando observo que un elemento dado del modelo no se produce en un relato determinado, no puede inferirse necesariamente que no le haya ocurrido a la persona implicada. Significa, simplemente, que no me dijo que ello ocurriera, o que no se explicita definitivamente en el relato que hace. Dentro de este marco de referencia, examinemos algunos de los estadios y acontecimientos comunes a la experiencia de la muerte.

Inefabilidad

La comprensión general que tenemos del lenguaje depende de la existencia de una zona amplia de experiencia común de la que participamos casi todos. Ese hecho crea una dificultad importante que complica la discusión que se sucederá en el libro. Los acontecimientos que han vivido los que se han encontrado próximos a la muerte están fuera de esa comunidad de experiencia, por lo que es de esperar que se encuentren con dificultades lingüísticas para expresar lo que les ocurrió. Ciertamente, las personas implicadas caracterizan uniformemente sus experiencias de inefables; es decir, «inexpresables».

Muchos han observado a este respecto que no existían palabras para lo que estaban intentando decir o que no conocían adjetivos y superlativos para describirlo. Una mujer me lo resumió muy bien con las siguientes palabras:

> Me encuentro con verdaderos problemas cuando trato de contárselo, pues todas las palabras que conozco son tridimensionales. Conforme tenía la experiencia, pensaba: «Cuando me hallaba en clase de geometría me decían que solo había tres dimensiones y siempre lo acepté. Estaban equivocados. Hay más». Nuestro mundo, en el que ahora vivimos, es tridimensional, pero el próximo no lo es. Por eso es tan difícil contárselo. He de describirlo con palabras tridimensionales. Es lo más cercano que puedo conseguir, pero no es realmente adecuado. No puedo darle un cuadro completo.

Oír las noticias

Numerosos individuos afirman haber oído a los doctores o a espectadores en el momento en que los daban por muertos. Una mujer me contó:

> Estaba en el hospital, pero no sabían qué me pasaba. El doctor James me dijo que bajara al Servicio de Radiología para que me mira-

ran el hígado por si descubrían algo. Como tenía alergia a muchos medicamentos, comprobaron lo que me iban a poner en el brazo y, como no hubo reacción, siguieron adelante. Cuando usaron la dosis completa, me quedé paralizada. Oí con toda claridad cómo el radiólogo que estaba conmigo fue hacia el teléfono, marcó un número, y dijo: «Doctor James, he matado a su paciente, Mrs. Martin». Sabía que no estaba muerta. Traté de moverme y decírselo, pero no pude. Cuando estaban tratando de reanimarme, pude oírlos hablar de los centímetros cúbicos que necesitaba de un medicamento, pero no sentí las agujas ni cuando me tocaron.

Otro de los casos es el de una mujer que ya había tenido problemas con el corazón y tuvo un ataque cardiaco en el que casi perdió la vida. Me contó lo siguiente:

De repente, quedé paralizada por terribles dolores en el pecho. Era como si hubieran rodeado la mitad del pecho con una cinta de hierro y estuvieran apretando. Mi marido y un amigo común me oyeron caer y vinieron corriendo a ayudarme. Me encontraba rodeada por una profunda oscuridad y a través de ella oí a mi esposo diciéndome, como desde una gran distancia: «¡Esta vez ha sido definitivo!». Pensé que tenía razón.

Un joven que se creyó muerto después de un accidente de automóvil, cuenta: «Oí a una mujer que preguntaba si estaba muerto y que alguien más le respondía que sí». Los informes de este tipo coinciden con lo que los doctores y otros presentes recuerdan. Por ejemplo, un doctor me dijo:

Una paciente mía tuvo un paro cardiaco cuando había otro cirujano conmigo y yo me disponía a operarla. Vi cómo se le dilataban las pupilas. Durante un tiempo intentamos reanimarla, pero no teníamos ningún éxito, por lo que pensé que se había muerto. Le dije al colega que estaba trabajando conmigo: «Intentémoslo una vez más y, si no resulta, lo dejamos». Esta vez su corazón volvió a latir. Posteriormente le pregunté si recordaba algo de su «muerte». Me respondió que no mucho, salvo que me había oído decir: «Intentémoslo una vez más, y si no resulta lo dejamos».

Sensaciones de paz y quietud

Hay muchos que describen sentimientos y sensaciones agradabilísimas durante los primeros estadios de sus experiencias. Tras una grave herida en la cabeza, uno de los signos vitales de un hombre era indetectable. Como él mismo dice:

> En el lugar de la herida noté una momentánea sensación de dolor, pero desapareció por completo. Sentí como si flotara en un espacio oscuro. El día era muy frío y, sin embargo, mientras estaba en esa negrura, lo que sentía era calor y la sensación más agradable que había experimentado nunca... Recuerdo que pensé: «Debo estar muerto».

Una mujer que fue reanimada después de un ataque cardiaco, comenta:

> Comencé a experimentar las más maravillosas sensaciones. Lo único que sentía era paz, comodidad: solo quietud. Todos mis problemas habían desaparecido, y pensé: «Qué paz y quietud, nada me duele».

Un hombre recuerda:

> Tuve una gran y agradable sensación de soledad y paz... Era muy bello y sentía gran paz en mi mente.

Un hombre que «murió» tras las heridas recibidas en Vietnam, me dijo:

> Mientras era herido sentí un gran alivio. No había dolor y nunca me había sentido tan relajado. Me encontraba a gusto y todo era agradable.

El ruido

En muchos casos los informes que hablan de la muerte o su proximidad se refieren a inusuales sensaciones auditivas. Algunas son muy desagradables. Un hombre que permaneció «muerto» durante veinte minutos en una operación abdominal habla de un «terrible zumbido que venía del interior de mi cabeza. Me hacía sentirme muy incómodo... Nunca lo olvidaré». Otra mujer habla de que, al perder la conciencia, sintió «una aguda vibración. Podría describirla como un zumbido. Me sentía como en una especie de remolino». Tan desagradable sensación también me la han descrito como un fuerte chasquido, un fragor, un estallido, y como un «sonido silbante, como el del viento».

En otros casos los efectos auditivos parecían tomar una forma musical más agradable. Por ejemplo, un hombre que revivió tras haber sido considerado como muerto a la llegada a un hospital cuenta que durante su muerte experimentó lo siguiente:

> Oí lo que me pareció un tintineo de campanas a mucha distancia, como si viniera impulsado por el viento. Parecían campanas de viento japonesas... Fue lo único que pude escuchar.

Una joven que casi murió por hemorragia interna asociada con un problema de coagulación sanguínea me dijo que en el momento de perder la conciencia comenzó a oír «música de un tipo especial: una soberbia y hermosísima clase de música».

El túnel oscuro

A menudo, junto con el ruido, se tiene la sensación de ser empujado rápidamente por un espacio oscuro. Las personas a quienes he entrevistado utilizan palabras muy diferentes para describirlo: una cueva, un pozo, un hoyo, un recinto, un túnel, un embudo, un vacío, un hueco, una alcantarilla, un valle y un cilindro. Aunque utilicen diferentes terminologías, es evidente que tratan de expresar la misma idea. Veamos dos relatos en los que figura prominentemente el túnel.

Me ocurrió cuando tenía nueve años. Hace veintisiete de ello; pero fue tan sorprendente que nunca lo he olvidado. Una tarde me puse muy enfermo y me llevaron a toda prisa al hospital más cercano. Cuando llegué, dijeron que iban a dormirme, aunque no recuerdo el motivo, pues era muy joven entonces. En aquella época se utilizaba el éter. Me lo suministraron pasándome un paño por la nariz y, según me dijeron después, al instante mi corazón se detuvo. En aquel momento no supe que eso era precisamente lo que me había ocurrido, pero lo importante es que cuando ocurrió tuve una experiencia. Lo primero que sentí fue un ruido rítmico parecido a brrrrrnnnnng-brrrrrnnnnng-brrrrrnnnnng. Luego comencé a moverme a través —pensará que es fantasía— de un largo espacio oscuro. Parecía una alcantarilla o algo semejante. Me movía y sentía todo el tiempo ese ruido zumbante.

Otro informante establece lo siguiente:

Tuve una reacción alérgica a una anestesia local y dejé de respirar. Lo primero que ocurrió —bastante rápido— fue que pasaba a gran velocidad por un vacío oscuro y negro. Puede compararlo a un túnel. Era como si fuera montado en la montaña rusa de un parque de atracciones y pasara por ese túnel a gran velocidad.

Durante una grave enfermedad un hombre estuvo tan cerca de la muerte que sus pupilas se dilataron y el cuerpo se le quedó frío.

Me encontraba en un hueco oscuro y negro. Es difícil de explicar, pero me sentía como si me moviera en el vacío a través de aquella negrura. Era plenamente consciente y pensaba que estaba como en un cilindro carente de aire. Me sentía como en el limbo, a medio camino de aquí y a medio camino de algún otro lugar.

Un hombre, que «murió» varias veces tras graves quemaduras y heridas, cuenta:

Estuve en estado de *shock* durante una semana, y en ese tiempo escapaba repentinamente a ese hueco oscuro. Me parecía estar allí mucho tiempo, flotando y cayendo por el espacio... Estaba tan acostumbrado a ese vacío que no pensaba en nada más.

Antes de esa experiencia, que le ocurrió cuando era niño, un hombre había tenido miedo a la oscuridad. Su corazón dejó de latir a causa de heridas internas producidas en un accidente de bicicleta.

Tuve la sensación de moverme por un profundo y oscurísimo valle. La oscuridad era tan impenetrable que no podía ver absolutamente nada, pero era la experiencia más maravillosa y libre de inquietudes que pueda imaginar.

En otro caso, una mujer, que había tenido peritonitis, relata lo siguiente:

El doctor ya había avisado a mi hermana y hermano para que me vieran por última vez. La enfermera me puso una inyección que me ayudaría a morir mejor. Las cosas que me rodeaban en el hospital comenzaron a parecerme cada vez más lejanas. Mientras ellas retrocedían, entraba en un estrecho y oscurísimo pasadizo. Parecía encajar en su interior. Y comencé a deslizarme y a caer, caer, caer.

Una mujer, que estuvo cerca de la muerte tras un accidente de tráfico, traza un paralelo con un programa de televisión.

Una sensación de profunda paz y quietud, sin miedo, tras la cual me sentí en un túnel; un túnel de círculos concéntricos. Poco después vi un programa de televisión, llamado *El túnel del tiempo,* en el que los personajes viajan por ese túnel en espiral. Es lo más parecido a lo que yo sentí.

Un hombre, que estuvo muy cerca de la muerte, trazó un paralelo con un antecedente de su religión. Lo cuenta así:

> De repente, me encontré en un valle muy profundo y oscuro. Había un sendero, casi una carretera, por el valle, y yo descendía por él... Luego, cuando ya estaba bien, pensé: «Ahora sé a qué se refiere la Biblia cuando habla del "valle sombrío de la muerte", pues he estado allí».

Fuera del cuerpo

Es un tópico decir que la mayoría de nosotros nos identificamos con nuestros cuerpos físicos. También damos por supuesto que tenemos «mente». Pero a casi todo el mundo la «mente» le parece más efímera que el cuerpo. Después de todo, no es más que el efecto de la actividad química y eléctrica producida en el cerebro, que es parte del cuerpo físico. A muchos les parece incluso imposible imaginar que existen en algo que no sea el cuerpo físico, al que están acostumbrados.

Con anterioridad a sus experiencias, las personas a las que he entrevistado no eran diferentes, como grupo, y por lo que se refiere a esta actitud, de la persona media. Ese es el motivo de que, tras su rápido paso por el túnel oscuro, una persona que ha «muerto» se encuentre tan sorprendida. En aquella circunstancia pudo verse a sí misma mirando a su cuerpo físico desde un punto exterior, como si fuera un «espectador», como si viera a las personas y acontecimientos «en el escenario de un teatro» o «en la pantalla de un cine». Veamos ahora algunas partes de relatos en las que se describen los extraños episodios en que se vieron fuera del cuerpo.

> Tenía diecisiete años y trabajaba, junto con mi hermano, en un parque de atracciones. Una tarde fuimos a nadar y se nos unieron otros compañeros. Uno de ellos dijo: «Crucemos el lago a nado». Ya lo había hecho en numerosas ocasiones, pero ese día, por algún motivo, me hundí en mitad del lago, me quedé medio flotando y de repente

sentí como si estuviera fuera del cuerpo, fuera de todo, en el espacio. Me encontraba en un punto estable, sin moverme, desde el que veía mi cuerpo en el agua a tres o cuatro pies, subiendo y bajando. Lo veía desde atrás y un poco lateralmente. Aunque me encontraba fuera, seguía sintiéndome con forma corporal. Tuve una sensación etérea que es casi indescriptible. Me sentía como una pluma.

Una mujer recuerda:

Hace un año ingresé en el hospital con problemas cardiacos, y a la mañana siguiente, mientras me encontraba en casa, comenzó a dolerme mucho el pecho. Pulsé el timbre que tenía al lado de la cama para llamar a las enfermeras. Vinieron y comenzaron a hacerme cosas. Me sentía muy incómoda acostada sobre la espalda y me di la vuelta, pero en ese momento dejé de respirar y el corazón se detuvo. Oí gritar a las enfermeras, mientras sentía que salía de mi cuerpo y me deslizaba entre el colchón y la barandilla que había aliado de la cama —en realidad era como si pasase a través de la barandilla— hasta posarme en el suelo. Luego comencé a elevarme lentamente. Al subir vi que más enfermeras estaban entrando precipitadamente en la habitación; serían unas doce. El doctor estaba haciendo una ronda por el hospital y lo llamaron. También lo vi entrar. Pensé: «¿Qué estará haciendo aquí?» Floté hasta el techo, pasando al lado de la lámpara que colgaba de él, y me detuve allí mirando hacia abajo. Me sentía como si fuera un pedazo de papel que alguien ha arrojado hacia arriba.

Desde allí los miraba mientras intentaban reanimarme. Mi cuerpo estaba tumbado sobre la cama y todos lo rodeaban. Oí decir a una enfermera: «¡Dios mío, ha muerto!», mientras otra se inclinaba para hacerme la respiración boca a boca. La miraba desde atrás mientras lo hacía. Nunca olvidaré su pelo; lo tenía muy corto. Entraron con una máquina y me dieron descargas en el pecho. Al hacerlo, mi cuerpo saltó y pude oír los chasquidos y crujidos de mis huesos. ¡Era algo horrible!

Mientras los veía allí abajo golpeando el pecho y doblando mis brazos y piernas, pensaba: «¿Por qué están haciendo todo eso? Ya me he muerto».

Un joven al que entrevisté me contó lo siguiente:

Me ocurrió hace dos años, cuando acababa de cumplir diecinueve. Conducía el coche para llevar a su casa a un amigo y, al llegar a una intersección, me detuve para mirar en ambas direcciones y no vi que viniese coche alguno. Me metí en la intersección y oí gritar a mi amigo con todas sus fuerzas. Cuando miré, me cegó una luz: eran los faros de un coche que se precipitaba hacia nosotros. Escuché el horrible ruido que hizo el lado del coche al estrujarse, y durante un instante me pareció atravesar un espacio cerrado y oscuro. Fue todo muy rápido. Luego me encontré flotando a unos cinco pies por encima de la calle y a cinco yardas del coche, desde donde oí el eco del choque. Vi que la gente corría y se arremolinaba alrededor del lugar del accidente. Mi amigo, en estado de *shock,* salió del coche. Pude ver mi propio cuerpo en la chatarra entre toda aquella gente y cómo intentaban sacarlo. Mis piernas estaban retorcidas y había sangre por todas partes.

Como es de suponer, por las mentes de las personas que se encontraron en esas situaciones pasaron pensamientos y sensaciones que no se produjeron en todas. A algunas, la noción de hallarse fuera de sus cuerpos les parecía tan impensable que, incluso cuando la estaban experimentando, se sentían muy confusas y durante mucho tiempo no ligaron aquella situación con la muerte. Se preguntaban qué estaba ocurriendo, por qué podían verse desde fuera, como si fueran espectadores.

Las respuestas emocionales a tan extraño estado varían mucho. Algunas informan que al principio sintieron un desesperado deseo de regresar a sus cuerpos, pero que no tenían la más ligera idea de cómo hacerlo. Otras recuerdan que sintieron mucho miedo, casi pánico. Sin embargo, algunas tuvieron reacciones más positivas, como la siguiente:

Enfermé gravemente y el doctor me trasladó a un hospital. Una mañana me rodeó una sólida niebla gris y abandoné el cuerpo. Tuve la sensación de flotar hacia fuera, y cuando miré atrás me vi a mí mismo en la cama, pero no sentí miedo. Me encontraba tranquilo y sereno, con una gran paz, sin sentir la menor preocupación o miedo. Era, simplemente, una sensación de tranquilidad. Pensé que me debía estar muriendo y que así ocurriría si no regresaba al cuerpo.

Las actitudes que los distintos individuos sienten ante los cuerpos que han dejado atrás son muy variables. Es muy común que recuerden sensaciones referentes al cuerpo. Una joven, que en el momento de la experiencia estaba siguiendo cursos de enfermera, expresó un miedo incomprensible:

> En la escuela de enfermeras intentaban que comprendiéramos que debíamos donar nuestros cuerpos a la ciencia; pero cuando los veía esforzarse por que respirara de nuevo, pensé: «No quiero que usen mi cuerpo».

Dos personas más me dijeron que pensaron exactamente lo mismo cuando se encontraron fuera de sus cuerpos. Es curioso, ambas pertenecían a la profesión médica. Uno era doctor y la otra enfermera.

En algún caso esta preocupación toma la forma de lamento. El corazón de un hombre se detuvo después de una caída en la que su cuerpo quedó destrozado. Recuerda:

> Ahora sé que estaba tumbado en la cama, pero entonces veía la cama y al doctor ocupándose de mí. No podía entenderlo, veía mi propio cuerpo tumbado sobre la cama. Me sentí muy mal cuando lo vi tan deshecho.

Algunos me han dicho que tuvieron sentimientos de infamiliaridad con respecto a sus cuerpos, como en este sorprendente pasaje:

> No entendía que pudiera tener esa forma. Estaba acostumbrado a verme en fotos o frente a un espejo, y en ambos casos parecía pla-

no. De repente yo, o mi cuerpo, estaba allí y podía verlo. Podía verlo perfectamente a cinco pies de distancia. Tardé unos momentos en reconocerme.

En uno de los informes esta infamiliaridad toma una forma extrema y humorística. Un médico nos cuenta que durante su «muerte» clínica estaba al lado de la cama mirando su propio cadáver, que ya había asumido el típico color gris de los muertos. Desesperado y confuso, trataba de decir qué es lo que podía hacer. Llegó a la conclusión de que debía irse, pues se estaba sintiendo muy mal. De niño, su abuelo le había contado historias de fantasmas y, paradójicamente, «no me gusta estar alrededor de eso que parecía un cuerpo muerto..., ¡ni siquiera aunque fuera yo mismo!».

En el extremo opuesto algunos me han dicho que no tenían sensaciones particulares con respecto a sus cuerpos. Por ejemplo, una mujer que tuvo un ataque de corazón y sintió que se estaba muriendo se vio empujada a través de una oscuridad hasta el exterior de su cuerpo. Este es su relato:

> No volví la vista atrás para mirar el cuerpo. Sabía que estaba allí y que podía verlo si miraba. Pero no quería verlo, pues sabía que había hecho todo lo que estaba en mi mano en la vida y quería dirigir mi atención a la otra esfera de cosas. Pensaba que volverme para mirar el cuerpo era como hacerlo para mirar el pasado y no lo deseaba.

Similarmente, una joven que tuvo la experiencia tras un accidente en el que recibió varias heridas, cuenta:

> Podía ver mi cuerpo enredado en el coche entre todos los que se habían reunido alrededor, pero no sentía nada por él. Como si se tratase del de otra persona, o mejor, de un objeto... Sabía que era mi cuerpo, pero no me producía ninguna sensación.

A pesar de lo extraño de ese estado, la situación se imponía tan repentinamente a la persona muerta que podía pasar algún tiempo antes de que entendiese el significado de lo que estaba ocurriendo. Podía estar fuera de cuerpo algún tiempo, tratando desesperadamente de clasificar las cosas que estaban ocurriendo y que pasaban por su mente, antes de comprender que estaba muriendo o, incluso, que estaba muerta.

Cuando se producía la comprensión, podía llegar con potentes fuerzas emocionales y provocar sorprendentes pensamientos. Una mujer recuerda que pensó: «¡Estoy muerta! ¡Qué maravilla!».

Un hombre me contaba que le llegó el siguiente pensamiento: «Esto debe ser lo que llaman "muerte"». Incluso en el momento de la comprensión, esta podía acompañarse de una sensación de sorpresa y de un rechazo de aquel estado. Por ejemplo, un hombre, recordando la promesa bíblica de «tres veintenas y diez años», protestó porque apenas había vivido una veintena. Una joven me contó este impresionante relato de esos sentimientos:

> Pensé que estaba muerta y no me preocupaba, pero no conseguía saber adónde iría. Mi pensamiento y conciencia eran como los que había tenido en vida, aunque no podía entenderlo, Pensaba: «¿Adónde voy? ¿Qué haré? ¡Dios mío, estoy muerta! ¡No puedo creerlo!» Nadie se cree nunca que va a morir. La muerte es algo que va a ocurrirle a otra persona, nunca te crees de verdad que a ti te sucederá... Por consiguiente, decidí esperar hasta que desapareciera toda la excitación y se llevaran mi cuerpo, tratando mientras tanto de pensar adónde debía ir.

En uno o dos de los casos que he estudiado, las personas muertas cuyas almas, mentes, conciencias —o como quieran llamarlas— se liberaron de sus cuerpos, decían que tras la liberación no se sentían en ningún tipo de «cuerpo». Se sentían conciencias «puras». Una de ellas me dijo que durante la experiencia era como si «pudiera ver todo lo que me rodeaba —incluyendo mi cuerpo yacente—, sin ocupar espacio alguno»; es decir, como si fuera un punto de conciencia. Otras no recordaban si estaban o no en un cuerpo tras haber abandonado el cuerpo físico, pues se hallaban totalmente embebidas en los acontecimientos que les rodeaban.

Sin embargo, la mayoría de mis entrevistados afirman haberse encontrado en otro cuerpo tras la liberación del físico. No obstante, entramos en un área que es muy difícil tratar. El «nuevo cuerpo» es uno de los dos o tres aspectos de las experiencias de muerte en los que lo inadecuado del lenguaje humano presenta los mayores obstáculos. Casi todos los que me han hablado de ese cuerpo se han sentido frustrados y han alegado que no podían describirlo.

Empero, los relatos de ese cuerpo guardan gran semejanza entre sí. Aunque cada individuo usa diferentes palabras y traza analogías distintas, los diversos modos de expresión caen con gran frecuencia en lo mismo. Todos los informes muestran también bastante acuerdo por lo que respecta a las propiedades y características del nuevo cuerpo. Para adoptar un término que resuma sus propiedades, y dado que ha sido usado por dos de los entrevistados, a partir de ahora lo llamaré «cuerpo espiritual».

Casi siempre fueron conscientes de sus cuerpos espirituales por sus limitaciones. Cuando salían del cuerpo físico trataban desesperadamente de contarles a los otros su situación, pero nadie parecía oírlos. Todo ello queda muy bien ilustrado y extractado en la historia de una mujer que sufrió una parada respiratoria y fue llevada a una sala de emergencia, donde se hizo un intento de reanimación.

Los vi mientras me reanimaban. Era realmente extraño. No me encontraba muy alta; era como si estuviese encima de un pedestal, no muy por encima de ellos, pero lo suficiente para verlos. Traté de hablarles, pero nadie me oía.

Para complicar el hecho de que las personas que lo rodean no lo oyen, el que se encuentra en un cuerpo espiritual se da cuenta pronto de que tampoco lo ven. El personal médico o el resto de personas que se encuentran allí pueden ver a través del cuerpo espiritual sin dar el menor signo de haberse apercibido de su presencia. El cuerpo espiritual también carece de solidez; atraviesa fácilmente los objetos físicos del entorno y no puede agarrar ningún objeto o persona.

Los doctores y enfermeras golpeaban mi cuerpo para reanimarlo y hacerme regresar, y yo no dejaba de repetirles: «Dejadme solo. Quiero que me dejéis solo. Cesad de golpearme». No me oían. Por tanto, traté de cogerles las manos para que dejasen de golpearme, pero nada ocurría. Nada podía hacer. No sabía lo que ocurría, pero no podía moverles las manos. Trataba de mover y tocar sus manos; cuando las había golpeado, seguían allí. No sé si mis manos las traspasaban, las rodeaban o qué era lo que ocurría. No sentía ninguna presión en sus manos cuando trataba de moverlas.

Otro de los informantes dice:

La gente venía de todas direcciones hasta el lugar del accidente. Desde el estrecho sendero donde me encontraba podía verlos. Al llegar no parecían advertirme. Seguían caminando con la vista al frente. Cuando estaban muy cerca, traté de dar la vuelta, de apartarme de su camino, pero pasaron a través de mí.

Tampoco hay variación en que el cuerpo espiritual carece de peso. La mayor parte lo notan cuando, como en algunos de los párrafos seleccionados ya citados, se encuentran flotando hacia el techo de la habitación o en el aire. Algunos lo describen como «una sensación de flotabilidad», una «sensación de ingravidez» o de «ir a la deriva».

Normalmente, en nuestros cuerpos físicos tenemos muchos modos de percepción que nos informan de en qué parte del espacio se hallan nuestros cuerpos o sus miembros en un momento dado y de si se están moviendo. La visión y el sentido del equilibrio son muy importantes a este respecto, pero hay otro sentido implicado en ello. La cinestesia es nuestro sentido de movimiento o tensión en los tendones, articulaciones y músculos. Normalmente, no somos conscientes de las sensaciones que nos llegan a través del sentido cinestésico, porque esa percepción se ha entorpecido por el uso constante. Sospecho, sin embargo, que si desapareciera de repente notaríamos su ausencia. El hecho es que algunos me hicieron comentarios referentes a que eran conscientes de la falta de sensaciones físicas, de peso corporal, de movimiento y sentido de la posición.

Esas características del cuerpo espiritual, que en un principio pueden verse como limitaciones, también pueden, con igual validez, considerarse como falta de limitaciones. Piénsenlo de esta manera: una persona con cuerpo espiritual está en posición privilegiada con respecto a las personas que la rodean. Pueden verlas y oírlas, pero ellas no pueden hacer lo mismo con ella. (Muchos espías lo considerarían una condición envidiable.) Asimismo, aunque atraviesa el pomo de la puerta cuando quiere tocarlo, no tienen ninguna importancia, pues pronto descubre que puede atravesar la puerta. Una vez que se sabe cómo hacerlo, viajar es extremadamente sencillo en ese estado. Los objetos físicos no presentan ninguna barrera y el movimiento de un lugar a otro puede ser muy rápido, casi instantáneo.

Además, a pesar de la falta de perceptibilidad por parte de la gente con cuerpos físicos, todos los que lo han experimentado están de acuerdo en que el cuerpo espiritual es algo, aunque ese algo sea imposible de describir. Hay común acuerdo en que tiene forma (a veces una nube circular o amorfa y a veces la misma que el cuerpo físico) e incluso partes (proyecciones o superficies análogas a los brazos, piernas, cabeza, etc.). Incluso en los informes en que se habla de configuración redondeada, a menudo se añade que tiene extremos, una parte superior y otra inferior definidas, y a veces los «miembros» antes mencionados.

Ese cuerpo me lo han descrito con términos muy variados, pero me daba cuenta rápidamente que estaban formulando la misma idea en todos los casos. Las palabras y frases que han utilizado los diferentes entrevistados incluyen bruma, nube, como el humo, vapor, transparente, nube de colores, algo tenue, modelo energético, u otras que expresan significados similares.

Finalmente, todos observan una degradación del tiempo en ese estado exterior al cuerpo. Algunos dicen que aunque tienen que describir su estancia en un cuerpo espiritual en términos temporales (pues el lenguaje humano lo es), el tiempo no formaba parte de su experiencia del mismo modo que lo es cuando se está en un cuerpo físico. A continuación incluyo pasajes de cinco entrevistas en las que se habla de algunos de estos aspectos fantásticos de la existencia en un cuerpo espiritual.

1) Perdí el control del coche en una curva, saltó por los aires y recuerdo haber visto el azul del cielo y que el coche caía en una zanja.

Mientras el vehículo se salía de la carretera, pensé: «He tenido un accidente». En ese momento perdí el sentido del tiempo y mi realidad física por lo que respecta al cuerpo; perdí contacto con mi cuerpo. Mi ser, o mi espíritu, o como quiera llamarlo, se salía de mí, fuera de mi cabeza. No era nada doloroso, era como si se elevara y estuviera por encima de mí...

[Mi «ser»] sintió que tenía *densidad,* pero no una densidad física; no sé de qué tipo, imagino que ondas o algo semejante. Nada realmente físico, casi como si estuviera cargado, si así quiere llamarlo. Lo cierto es que sentía que tenía algo... ; era pequeño, y como si fuera circular, pero sin contornos rígidos.

Podría recordar a una nube... Daba la impresión de que estaba dentro de una envoltura propia...

Para salir del cuerpo, lo hizo primero el extremo grande y luego el más pequeño... Tenía una sensación de ligereza. No había tensión en mi cuerpo [físico]; la sensación era de total separación. Mi cuerpo no tenía peso...

Lo más sorprendente de toda la experiencia fue el momento en que mi ser quedó suspendido por encima de la cabeza. Era como si estuviera decidiendo si se iba o se quedaba. Parecía que el tiempo se hubiera detenido. Al principio y al final del accidente todo se movía muy rápido, pero en ese tiempo particular, una especie de tiempo interior, mientras mi ser estaba suspendido por encima de mí y el coche caía a la zanja, me pareció que tardaba mucho en caer. Además, en ese momento no me sentía muy implicado en el coche, ni en el accidente, ni en mi propio cuerpo; solo me sentía unido a la mente...

Mi ser no tenía características físicas, pero he de describirlo en esos términos. Podría hablar de ello de muchas maneras, con muchas palabras, pero ninguna sería realmente adecuada. Es difícil de describir.

Finalmente, el coche golpeó contra el suelo y dio varias vueltas, pero mis únicas heridas fueron una torcedura de cuello y un pie magullado.

2) [Cuando salí fuera del cuerpo físico] fue como si saliera de mi cuerpo y entrara en otra cosa. Era otro cuerpo..., pero no un cuerpo humano normal. Era algo diferente. Ni un cuerpo humano ni un globo de materia. Tenía forma, pero no color. Poseía algo que usted podría llamar manos.

No puedo describirlo. Me hallaba demasiado fascinado con todo lo que me rodeaba —ocupado en ver desde fuera mi propio cuerpo— y no pensaba en el tipo de cuerpo en que estaba metido. Todo parecía transcurrir muy de prisa. Aunque el tiempo no era el mismo, existía. Las cosas parecen sucederse más rápidamente cuando se está fuera de cuerpo.

3) Recuerdo que me llevaron a la mesa de operaciones y que me hallé varias horas en estado crítico. Durante ese tiempo estuve entrando y saliendo de mi cuerpo físico y pude verlo directamente desde arriba. Mientras lo hacía, seguía estando en un cuerpo; no era un cuerpo físico, sino algo que podría describirse como modelo energético. Si tengo que ponerlo en palabras, diría que era transparente, un ser espiritual en oposición a un ser material. Tenía diversas partes.

4) Cuando mi corazón dejó de latir... sentí que era un balón redondo, o casi sería mejor decir que era una pequeña esfera dentro del balón. No puedo describírselo.

5) Estaba fuera del cuerpo y lo miraba desde diez yardas de distancia, pero seguía pensando como cuando estaba en un cuerpo físico. Aquello desde donde pensaba tenía la misma altura. No era un cuerpo, o al menos lo que pensamos que es un cuerpo. Podía sentir algo, una especie de... de envoltura, como una forma transparente, aunque no del todo. Una energía, quizá algo así como una pequeña esfera de energía. No era consciente de ninguna sensación corporal, temperatura o algo semejante.

En sus informes otros entrevistados han mencionado brevemente la semejanza de forma entre sus cuerpos físicos y los espirituales. Una mujer me dijo que mientras estaba fuera de su cuerpo físico sentía «todas las formas corporales: piernas, brazos, todo; incluso aunque no percibía una sensación de peso». Otra mujer, que vio el intento de reanimación de su cuerpo desde un poco más abajo del techo, dice: «Seguía dentro de un cuerpo. Me inclinaba y miraba hacia abajo. Moví las piernas y noté que una estaba más caliente que la otra».

En ese estado según recuerdan algunos, el pensamiento se encuentra tan falto de impedimentos como el movimiento. Una y otra vez he escuchado de mis entrevistados que en cuanto se acostumbraban a la nueva situación comenzaban a pensar más lúcida y rápidamente que en la existencia física. Por ejemplo, hablando de lo que le ocurrió mientras estaba «muerto», un hombre me dijo:

> Las cosas que no son posibles ahora lo eran entonces. La mente es tan clara, tan agradable. Mi mente lo dominaba todo al instante, sin tener que pensar en ello más de una vez. Al cabo de un rato, cuanto estaba experimentando tenía algún significado para mí.

La percepción, en el nuevo cuerpo, es al mismo tiempo semejante y diferente a la percepción en el cuerpo físico. En algunos aspectos la forma espiritual es más limitada. Ya vimos que no hay sentido cinestésico. En dos casos me informaron que no había sensación de temperatura, mientras que en la mayor parte de ellos hablan de una confortable sensación de calor. Ninguno de los entrevistados habló nunca de olores o sabores.

Por otra parte, los sentidos que se corresponden con los de la vista y el oído permanecen intactos en el cuerpo espiritual, o en realidad son más perfectos que en la vida física. Un hombre me dijo que su visión era increíblemente más poderosa y, según su propias palabras, «no entiendo cómo podía ver tanto». Una mujer, recordando estas experiencias, observaba: «Daba la impresión de que el sentido espiritual no tuviese limitaciones, de que podía verlo todo en todas partes». En el siguiente relato, de una mujer que salió de su cuerpo tras sufrir un accidente, se describe muy gráficamente ese fenómeno:

> Había mucha actividad y la gente corría hacia la ambulancia. Siempre que miraba a una persona para saber lo que estaba pensan-

do se producía un efecto semejante al de una lente de *zoom* y yo me encontraba allí. Pero parecía que esa parte de mí, a la que llamaré mente, seguía estando en su posición primitiva, a varias yardas de mi cuerpo físico. Cuando quería ver a alguien, parecía como si una parte de mí, como una trazadora, se desplazase hasta allí. Tenía la sensación de que si ocurría algo en cualquier parte del mundo podía ir allí.

Solo por analogía puede hablarse de sentido del oído en el estado espiritual, pues casi todos afirman no haber escuchado sonidos o voces humanas. Más bien parecen recoger los pensamientos de quienes los rodean y, como veremos más tarde, este mismo tipo de transferencia directa de pensamientos juega un papel importante en los estadios posteriores de las experiencias de muerte. Una mujer señalaba:

Podía ver a quienes me rodeaban y entender lo que estaban diciendo. No los oía como lo oigo a usted. Era más bien que sabía lo que estaban pensando, pero en mi mente, no en su vocabulario real. Lo sabía un segundo antes de que abrieran la boca para hablar.

Según un informe muy interesante, parece ser que los daños más graves en el cuerpo físico no afectan de ningún modo al espiritual. Un hombre perdió parte de su pierna en un accidente y fue declarado clínicamente muerto. Lo supo porque vio claramente su cuerpo dañado mientras el doctor trabajaba con él. Hablando del tiempo en que estuvo fuera de su cuerpo, cuenta:

Podía sentir mi cuerpo y estaba entero. Lo sabía. Lo sentía entero, y comprendía que todo mi yo se encontraba allí, aunque no estuviese.

En este estado incorpóreo una persona está separada de las otras. Puede verlas y entender sus pensamientos, pero ellas no son capaces de verla ni oírla. La comunicación con los otros seres humanos no existe, ni siquiera a través del tacto, pues el cuerpo espiritual carece de solidez. No es sorprendente, por tanto, que al rato se produzcan profundos sentimientos de aislación y soledad. Un informante me contó que podía ver todo lo que le rodeaba en el hospital: doctores, enfermeras y el resto del personal, pero le era imposible comunicarse con ellos de ninguna manera, por lo que, según sus propias palabras, «Me encontraba desesperadamente solo». Muchos otros me han descrito intensos sentimientos de soledad.

> Mi experiencia, todas las cosas por las que estaba pasando, era bella, pero indescriptible. Deseaba que hubiera otros conmigo para verlo, y tenía la sensación de que nunca sería capaz de describir a nadie aquello. Me sentía solo porque quería que alguien estuviese a mi lado para compartirlo. Sabía que no era posible, que me encontraba en un mundo privado, y llegué a sentirme algo deprimido.

Otro informante cuenta:

> Era incapaz de tocar nada, de comunicarme con alguno de los que me rodeaban. Es una terrible sensación de soledad; te sientes completamente solo y eres consciente de ello.

Y otro:

> Estaba asombrado. No podía creer lo que ocurría. No estaba preocupado ni pensaba: «Estoy muerto y mis padres han quedado atrás. Estarán tristes y no los volveré a ver». Nada de eso pasaba por mi mente.
>
> No obstante, era consciente de estar solo, muy solo: casi como si fuera un visitante de algún otro lugar: como si no tuviese relaciones, como si no existiese amor ni nada semejante. Todo era muy... técnico. En realidad no lo entiendo.

Pronto desaparecen, sin embargo, los sentimientos de soledad de la persona muerta, conforme va profundizando más en sus sentimientos cercanos a la muerte. En determinado momento vienen otros para ayudarlo en la transición que está sufriendo. Pueden tener la forma de otros espíritus, frecuentemente la de parientes o amigos muertos que el individuo ha conocido en vida. En muchos casos de los que he entrevistado aparece un ser espiritual de carácter muy diferente. En las siguientes secciones trataremos de esos encuentros.

Encuentros con otros

Algunos me dijeron que en determinado momento, mientras estaban muriendo —a veces nada más iniciarse la experiencia, a veces después de que habían tenido lugar otros acontecimientos— se daban cuenta de la presencia de otros seres, que estaban allí para facilitarles la transición a la muerte o, en dos casos, para decirles que su tiempo de morir no había llegado y debían regresar a sus cuerpos físicos.

> Tuve esta experiencia cuando estaba teniendo un hijo. El parto fue difícil y perdí mucha sangre. El doctor dio el caso por perdido y dijo a mis parientes que estaba muriendo. Sin embargo, me daba cuenta de todo, y cuando le oí decir eso sentí que volvía en mí. Cuando lo hice, me di cuenta de la presencia de multitudes de ellos flotando por el techo de la habitación. A todos los había conocido en mi vida pasada y ya habían muerto. Reconocí a mi abuela y a una compañera de la escuela, así como a otros muchos parientes y amigos. Creo que, sobre todo, vi sus caras y sentí su presencia. Todos parecían complacidos. Era una ocasión de felicidad y sentí que habían venido para protegerme o guiarme. Era como si estuviera volviendo a casa y ellos se encontraran allí para darme la bienvenida. En ese tiempo tuve la sensación de que todo era luminoso y bello. Fue un momento glorioso.

Un hombre recuerda:

> Varias semanas antes de mi experiencia de proximidad a la muerte, Bob, un buen amigo mío, había sido asesinado. Cuando salí de mi cuerpo, tuve la sensación de que Bob estaba allí, a mi lado. Podía verlo en mi mente y sentir su presencia, pero era algo extraño. No lo vi con

su cuerpo físico. Podía ver cosas, pero no en forma física, sino algo así como en su apariencia. ¿Tiene algún sentido todo esto? Él estaba allí y no tenía cuerpo físico. Era una especie de cuerpo transparente, y aunque podía sentir todas sus partes —piernas, brazos, etc.—, no las *veía* físicamente. En aquellos momentos no pensé que fuera extraño, pues no necesitaba verlo con mis ojos. No tenía ojos, además.

Le pregunté: «Bob, ¿adónde voy ahora? ¿Qué ha ocurrido? ¿Estoy muerto?» Nunca me respondía, no decía una palabra. A menudo, mientras estuve en el hospital, lo vi allí y le repetí las preguntas; pero nunca respondió. El mismo día que el doctor dijo que viviría, él desapareció. A partir de ese momento ni lo vi ni sentí su presencia. Era como si hubiera estado esperando a que pasase esa frontera final para hablarme y darme todos los detalles de lo que iba a suceder.

En algunos casos los espíritus que encontraron no eran personas a las que hubieran conocido en la vida física. Una mujer me contó que durante su experiencia de separación del cuerpo no solo vio su propio y transparente cuerpo espiritual, sino el de otra persona que había fallecido recientemente. No sabía de quién se trataba, pero hizo una observación muy interesante: «No veía que esa persona, ese espíritu, tuviese una *edad* determinada. Ni siquiera yo tenía un sentido del tiempo».

En unos cuantos casos, los entrevistados han llegado a creer que los seres con los que se encontraban eran sus «ángeles guardianes». A un hombre, el espíritu le dijo: «Te he ayudado en este estadio de la existencia, ahora te haré pasar a otros». Una mujer me dijo que, mientras estaba abandonando el cuerpo, detectó la presencia de dos seres que se identificaron como «ayudantes espirituales».

En dos casos muy similares me hablaron de haber escuchado una voz que les decía que no estaban muertos y debían regresar. Uno de ellos lo cuenta así:

> Oí una voz. No era una voz de hombre, sino algo que está más allá de los sentidos. Me dijo lo que debía hacer —«regresar»— y que no debía sentir miedo por volver a mi cuerpo físico.

Los seres espirituales pueden tener una forma algo más amorfa.

Mientras estuve muerto en aquel vacío hablé con gente; en realidad, no puede decirse que hablase con gente *corporal.* Tenía la sensación de que había gente que me rodeaba. Podía sentir su presencia e incluso sus movimientos, pero no pude ver a nadie. De cuando en cuando hablaba con alguno de ellos, pero no podía verlos. Siempre que preguntaba qué era lo que ocurría recibía un pensamiento de alguno de ellos diciéndome que no pasaba nada, que estaba muriendo pero que sería hermoso. Por tanto, nunca me preocupé de mi condición. Siempre obtenía una respuesta a cada pregunta que hacía. No dejaron mi mente en la incertidumbre.

El ser luminoso

El elemento común quizá más increíble de los relatos que he estudiado, y con toda certeza el que mayor efecto ha producido en el individuo, es el encuentro con una luz muy brillante. Lo típico es que en su primera aparición la luz sea débil, pero rápidamente se hace más brillante, hasta que alcanza un resplandor sobrenatural. A pesar de que esta luz —generalmente dicen que es blanca o «transparente»— tiene un brillo indescriptible, muchos de los entrevistados especifican que no daña a la vista, ni deslumbra, ni impide ver las cosas que los rodean —quizá porque en ese momento ya no tengan ojos físicos para «deslumbrarse».

No obstante, la inusual manifestación de luz, nadie ha expresado duda con respecto a que era un ser, un ser luminoso. Todos afirman que es un ser personal, que tiene una personalidad bien definida. El amor y calidez que emanan de él hacia la persona que está muriendo carecen de palabras para expresarse, pero esta se encuentra totalmente rodeada y poseída por él, muy a gusto y totalmente aceptada en su presencia. Siente una irresistible atracción magnética ante ese ser, una atracción inevitable.

Mientras que la anterior descripción del ser luminoso permanece siempre inalterable, su identificación varía entre los diferentes individuos y parece estar en función de los antecedentes religiosos, educación o creencias del individuo que ha sufrido la experiencia. Casi todos los cristianos por educación o creencia identifican la luz con Cristo o trazan paralelos bíblicos en apoyo de su interpretación. Un hombre y una mujer judíos lo identificaron con un «ángel». En ambos casos los sujetos dejaron bien claro que ello no implicaba que el ser tuviera alas, tocara el arpa o tuviera forma o apariencia humanas. Solo era luz. Ambos se referían a que consideraban al ser como un emisario o guía. Un hombre que no había tenido creencias ni educación religiosas antes de la experiencia lo identificaba simplemente con un «ser luminoso». La misma etiqueta utilizó una señora de fe cristiana, quien no parecía oponerse mucho a llamar Cristo a la luz.

Poco después de su aparición el ser comienza a comunicarse con la persona que está sufriendo la transición. La comunicación es igual de directa que las que encontramos antes en la descripción de la forma en que una persona en el cuerpo espiritual puede «recoger los pensamientos» de los que lo rodean. En este estadio todos afirman que no oyeron sonidos físicos o voz que proviniese del ser, y no le respondieron con sonidos audibles. Informan que tuvo lugar una transferencia directa y sin impedimentos de pensamientos, y que además se hacía en forma tan clara que no había posibilidad de malinterpretarlo o mentirle.

Además, ese intercambio comunicativo no se produce en la lengua nativa del sujeto, aunque la entiende perfectamente y toma conciencia de todo instantáneamente. Ni siquiera puede traducir los pensamientos que intercambiaron, cuando estaba cerca de la muerte, al lenguaje humano que habla ahora, después de haber sido reanimado.

El siguiente estadio de la experiencia ilustra perfectamente las dificultades de traducción de este lenguaje sin palabras. El ser dirige un pensamiento, casi inmediatamente, a la persona en cuya presencia ha aparecido de manera tan sorprendente. Usualmente, las personas con quienes he hablado tratan de formular el pensamiento en forma de pregunta. Entre las traducciones que he oído se encuentran: «Estás preparado para morir?», «¿estás listo para morir?», «¿qué puedes enseñarme de lo que has hecho con tu vida?», «¿qué has hecho con tu vida que sea suficiente?». Las dos primeras formulaciones, referidas a la «preparación», pueden, a primera vista, tener un sentido diferente a las otras dos, que enfatizan la «realización». Opino que todos tratan de expresar el mismo pensamiento, y tal idea es apoyada, en cierta manera, por la siguiente cita de una de las mujeres entrevistadas:

> Lo primero que hizo fue preguntarme si estaba lista para morir o qué había hecho con mi vida que quisiera enseñarle.

Incluso en las formas más inusuales de construir la pregunta se descubre, tras la debida elucidación, que tienen en gran parte el mismo sentido. Por ejemplo, un hombre me dijo que, durante su muerte,

> la voz me hizo una pregunta: «¿Vale la pena?» Lo que quería decir era si el tipo de vida que había llevado hasta ese momento me parecía válido entonces, sabiendo lo que sabía.

Dicho sea de paso, todos insisten en que la pregunta, por extrema y profunda que pueda ser en su impacto emocional, no se plantea en absoluto como condena. Todos están de acuerdo en que no dirige la pregunta para acusarlos o amenazarlos, pues, sin importar cuál vaya a ser la respuesta, siguen sintiendo la aceptación y el amor total proveniente del ser luminoso. La cuestión los hace pensar en sus vidas, sonsacárselas. Podría decirse que es una pregunta socrática, que no se hace para adquirir información, sino para ayudar a la persona interrogada a que escoja por sí misma el camino de la verdad. Veamos algunos informes de primera mano de ese fantástico ser:

> 1) Oí a los doctores cuando dijeron que había muerto y comencé a sentir que estaba cayendo —en realidad era como si flotase— por aquella oscuridad, que era una especie de cápsula. Lo cierto es que no hay palabras para describirlo. Todo era muy negro salvo, a gran distancia, esa luz. Era muy brillante, aunque no muy grande al principio. Crecía conforme me iba acercando a ella.
>
> Trataba de llegar a esa luz, pues sentía que era Cristo. No era una experiencia atemorizadora. Al contrario, resultaba agradable hasta

cierto punto. Inmediatamente conecté la luz con Cristo, quien dijo: «*Yo* soy la luz del mundo». Me dije a mí misma: «Si es así, si voy a morir, ya sé lo que me espera al morir: esa luz».

2) Entré a la sala y fui a servirme una copa. En ese momento, como descubrieron más tarde, se me produjo el ataque de apendicitis. Me quedé muy débil y caí al suelo. Comencé a sentir que iba a la deriva, un movimiento de mi ser real dentro y fuera de mi cuerpo, y a oír una música muy bella. Floté por la sala y salí de ella hacia el porche. Allí casi tuve la impresión de que las nubes, en realidad una neblina rosada, comenzaba a reunirse a mi alrededor. Luego floté a través del techo, como si no existiese, hacia una luz transparente como el cristal puro, una luz blanca resplandecedora. Era muy hermosa y muy brillante, pero no me hacía daño en los ojos. No es posible describir aquí esa luz. No veía realmente a una persona en ella, pero tenía una identidad especial. Era una luz de comprensión y amor perfectos.

A mi mente llegó el pensamiento: «¿Me amas?» No lo formuló exactamente como una pregunta, pero sospecho que la connotación de lo que la luz dijo fue: «Si me amas, regresa a la vida y completa lo que iniciaste en ella». Durante todo el tiempo tenía la impresión de estar rodeado por un amor y una compasión irresistibles.

3) Sabía que estaba muriendo y que nada podía hacerse, ya que nadie podía oírme... Estaba fuera de mi cuerpo: no me cabía la menor duda, pues podía verlo en la mesa de operaciones. ¡Mi alma estaba fuera! Todo ello hizo que al principio me sintiera muy mal, pero entonces vino esa luz brillante. Parecía un poco apagada al principio, hasta que se convirtió en ese enorme haz. Era una tremenda cantidad de luz; no un gran foco brillante, mucho más. Me daba calor y me invadió una cálida sensación.

Era de un blanco brillante y amarillento...; predominaba el blanco. Tremendamente brillante, tanto que no puedo describirlo. Parecía cubrirlo todo y, al mismo tiempo, no me impedía ver cuanto me rodeaba: la mesa de operación, los doctores y enfermeras. Podía verlo todo porque no me cegaba.

Al principio, cuando la luz llegó, no estaba muy seguro de lo que ocurría, pero luego me preguntó —bueno, fue algo parecido a una pregunta— si estaba listo para morir. Era como hablar con una persona, aunque no había allí ninguna. Las luz hablaba conmigo, sonoramente.

Pienso ahora que la luz que me hablaba comprendía que no estaba preparado para morir, que se trataba más de probarme que de otra cosa. Desde el momento en que la luz me habló me sentí muy bien, seguro y amado. No es posible imaginar ni describir el amor que llegaba hasta mí. Era agradable estar con esa persona. Y tenía también sentido del humor.

La revisión

La inicial aparición del ser luminoso y sus preguntas de prueba sin palabras constituyen el preludio de un intenso momento en que el ser presenta a la persona una revisión panorámica de su vida. Es obvio que ese ser puede ver la vida del individuo y no necesita información. Su única intención es provocar la reflexión.

La revisión solo puede describirse en términos de memoria, pues es el fenómeno que más se le parece de entre los que estamos familiarizados, pero tiene unas características que lo diferencian de cualquier tipo normal de recuerdo. En primer lugar, es extraordinariamente rápida. Esos recuerdos, en los casos en que reciben una descripción temporal, se siguen unos a otros a gran velocidad en orden cronológico. Otros entrevistados no tienen conciencia de un orden temporal. El recuerdo fue instantáneo; todo apareció al mismo tiempo y pudieron aprehenderlo todo con una mirada mental. Sea cual sea la forma en que lo expresan, todos están de acuerdo en que la experiencia transcurre en un instante de tiempo terrestre.

A pesar de la rapidez, mis informantes están de acuerdo en que la revisión, casi siempre descrita como una exhibición de imágenes visuales, es increíblemente vívida y real. En algunos casos se informa de que las imágenes son de color vibrante, tridimensionales, e incluso móviles. Aunque pasan con extrema rapidez, cada imagen es percibida y reconocida. Hasta las emociones y sentimientos asociados con las imágenes pueden ser experimentados de nuevo conforme van pasando.

Algunos de los que yo he entrevistado afirman que, aunque no pueden explicarlo, el hecho es que todo lo que habían hecho en la vida estaba en esa revisión: desde lo más insignificante a lo más significativo. Otros hablan de que solo vieron los momentos cumbres de sus vidas. Algunos cuentan que hasta en el periodo posterior a la experiencia de revisión podían recordar con todo detalle los acontecimientos de sus vidas.

Algunos lo identifican con un intento educativo por parte del ser luminoso. Mientras ellos ven las exhibición, el ser parece poner de relieve dos cosas en la vida: aprender a amar a los demás y adquirir conocimiento. Veamos un relato representativo de esto.

Cuando apareció la luz, lo primero que me dijo fue: «¿Qué tienes que enseñarme de lo que has hecho con tu vida?», o algo parecido. En ese momento comienzan las visiones retrospectivas. Me pregunté qué estaba sucediendo, pues de repente había regresado a mi infancia. A partir de ese instante fue como si pasara desde mi primera infancia, año a año, hasta aquel momento.

Realmente es extraño en dónde empezó: cuando era una niña y jugaba en el riachuelo vecino. Hubo más escenas de esa época: experiencias que había tenido con mi hermana y con gentes de la vecindad y los lugares reales en los que había estado. De repente, me encontré en el jardín de infancia y vi un juguete que me gustaba mucho en el momento en que lo rompí; y lloré durante mucho tiempo. Fue una experiencia realmente traumática. Las imágenes continuaron repasando mi vida y recordé cuando estaba en la escuela de niñas y fuimos al campo. Recordé muchas cosas sobre la escuela pública. Luego me encontré en la escuela superior, fue un gran honor ser elegida para el grupo de estudiantes avanzados, y recordé el momento de la elección. De allí pasé a otra escuela superior más avanzada, a la graduación y a los primeros años de universidad, en los que me encontraba en ese momento.

Las visiones retrospectivas se producían en orden cronológico y eran muy vívidas. Las escenas eran idénticas a cuando las ves en realidad: tridimensionales y en color. Además, se movían. Por ejemplo, cuando me vi a mí misma rompiendo el juguete, pude ver todos los movimientos. No los estaba viendo siempre desde mi propia perspectiva. Es como si la niña que veía fuera alguien más, en una película, una niña más jugando entre otras. Sin embargo, era yo. Me vi haciendo cosas de niños, exactamente las mismas cosas que había hecho, pues las recordaba.

Mientras observaba todo aquello no vi la luz. Desapareció nada más preguntarme lo que había hecho y comenzaron las visiones, pero sabía que seguía conmigo todo el tiempo, que me llevaba a través de las visiones, pues sentí su presencia y hacía comentarios. Trataba de enseñarme algo en cada uno de los episodios. No estaba tratando de ver lo que estaba haciendo —ya lo sabía—, sino que elegía determinados momentos de mi vida y los ponía frente a mí para que tuviera que recordarlos.

A través de todos ellos seguía poniendo de relieve la importancia del amor. Los momentos en que me lo mostró mejor implicaban a mi hermana; siempre había estado muy cerca de ella. Vi algunos momentos en que había sido egoísta con ella, pero también otros en que la había amado y había compartido cosas. Me señaló que debía intentar hacer cosas para otras personas, que debía intentarlo al máximo. Sin embargo, no era una acusación ni nada que pudiera parecérsele. Cuando pasábamos por episodios en los que había sido egoísta, su actitud es que debía aprender también de ellos.

Otra de las cosas que le interesaba mucho era el conocimiento. Me señaló las cosas que debía hacer con lo aprendido, y dijo que iba a continuar aprendiendo, y que cuando regresara —pues en esos momentos ya me había dicho que iba a hacerlo— habría siempre una búsqueda de conocimiento. Dijo que es un proceso continuo, por lo que tuve la sensación de que prosigue después de la muerte. Creo que mientras veíamos las escenas estaba tratando de enseñarme.

Todo era realmente extraño. Yo estaba allí viendo las visiones retrospectivas; las revivía y todo era muy rápido. Sin embargo, la velocidad era suficiente para que pudiera aprehenderlas. No transcurrió mucho tiempo. La luz vino, tuve las visiones y se marchó. Debieron ser menos de cinco minutos y más de treinta segundos, pero no puedo decirlo con seguridad.

Solo me asustó enterarme de que no podía terminar todavía mi vida terrena. Con las visiones retrospectivas disfruté, era agradable. Había regresado a la niñez, casi la había revivido. Era una forma de regresar y ver que ordinariamente no puede hacerse.

Es de señalar que hay informes en los que se produce la revisión sin que haya aparecido el ser luminoso. Por regla general, en las experiencias aparentemente «dirigidas» por el ser la revisión es más apasionante. Sin embargo, es usualmente caracterizada como vívida y rápida y como exacta, tanto si el ser aparece como si no, y tanto si se produce en una experiencia cercana a la «muerte» como si lo hace durante una aproximación.

Tras atravesar aquel lugar largo y oscuro, todos los pensamientos de la niñez, mi vida entera, estaban allí, frente a mí, al final del túnel. Creo que tenían más la forma de películas que de pensamientos. No puedo describírselo con exactitud, pero todo estaba allí, al mismo tiempo. Quiero decir que no aparecía y desaparecía un acontecimiento, sino que todo, absolutamente todo, se producía al mismo tiempo. Pensé en mi madre, en las cosas que había hecho mal. Tras ver las pequeñas cosas que hice de niño y haber pensado en mi madre y mi padre, deseé no haber hecho esas cosas y poder regresar y deshacerlas.

En los dos ejemplos siguientes, aunque no se había producido muerte clínica en el momento de la experiencia, tuvieron lugar con verdadera tensión psicológica o con heridas.

Toda la situación se desarrolló repentinamente. Había tenido un poco de fiebre y malestar durante dos semanas, pero esa noche me puse muy enfermo y me sentí mucho peor. Estaba en la cama y recuerdo haber intentado incorporarme para decirle a mi mujer que estaba muy enfermo, pero me resultó imposible moverme. Después me encontré en un hueco totalmente negro y las imágenes de toda mi vida pasaron frente a mí. Regresé a la época en que tenía seis o siete años y recordé a un buen amigo de la escuela pública. Pasé de allí a la escuela superior, al colegio, a mis estudios de dentista y a la práctica profesional.

Supe que estaba muriendo, y recuerdo haber deseado dejar medios de mantenimiento a mi familia. Me inquietaba sentirme morir y que hubiese cosas que había hecho y lamentaba, así como otras que sentía haber omitido.

Diría que las imágenes de la visión tenían la forma de películas mentales, aunque eran mucho más vividas que las normales. Solo vi los momentos cumbres y era tan rápido que daba las impresión de ver parte de toda mi vida y ser capaz de hacerlo en pocos segundos. Pasaba ante mí como una película en movimiento a tremenda velocidad, que, sin embargo, era capaz de ver y comprender totalmente. No había tiempo para que las emociones volvieran con las imágenes.

No vi nada más durante la experiencia. Salvo las imágenes, todo era oscuridad. Sin embargo, todo el tiempo sentí la presencia de un ser amante enormemente poderoso.

Es realmente interesante. Cuando me recobré, podía contarles a todos cualquier parte de mi vida con gran detalle. Es toda una experiencia, pero difícil de poner en palabras, pues ocurre con excesiva rapidez, sin que ello pierda claridad.

Un joven veterano describe así su revisión:

Mientras servía en Vietnam recibí varias heridas, más tarde me consideraron «muerto» a causa de ellas, aunque en todo momento era consciente de lo que estaba ocurriendo. Recibí seis impactos de ametralladora, pero no me sentí preocupado. Reviví en mi mente el instante en que fui herido. No estaba atemorizado y me sentía muy a gusto.

En el momento del impacto mi vida pasó frente a mí como una película, regresé al tiempo en que era un niño, desde donde las imágenes fueron progresando a través de toda la vida.

Puedo recordarlo todo, pues era muy vívido. Pasaba con gran claridad frente a mí. En poco tiempo pasé de las primeras cosas que podía recordar hasta aquel momento. No era nada desagradable, y no me lamenté ni tuve sentimientos de culpa.

Si he de hacer una comparación, lo mejor que encuentro es una serie de cuadros; como diapositivas. Es como si alguien estuviese pasándome diapositivas a gran velocidad.

Para terminar, un caso de extrema emocionalidad. La muerte fue inminente aunque no se habían producido heridas.

El verano siguiente a mi primer año de colegio universitario acepté el trabajo de conductor de un tractor que arrastraba una camioneta. Ese verano tenía el problema de quedarme dormido al volante. Una mañana, bien temprano, hacía un largo viaje e iba dando cabezadas. Lo último que recuerdo fue haber visto una señal de carretera, tras lo cual me dormí. Luego oí una terrible rozadura. El neumático exterior derecho estalló y, a causa del peso y la inclinación de la camioneta, lo mismo ocurrió con los izquierdos. Quedó sobre uno de sus lados y se deslizó hacia abajo en dirección a un puente. Me asusté al darme cuenta de lo que estaba ocurriendo: el tractor iba a estrellarse contra el puente.

Durante el tiempo que se deslizaba pensé todas las cosas que había hecho. Solo vi algunas, las más culminantes, pero eran muy reales. En el primer recuerdo seguía a mi padre mientras caminaba por la playa; tenía dos años. En orden cronológico fui viendo más cosas de mis primeros años y recordé haber roto el coche rojo nuevo que me habían regalado en Navidad. Recuerdo haber llorado cuando fui por primera vez a la escuela, con un impermeable amarillo limón que me había comprado mi madre. Recordé algo de cada uno de los años que pasé en la escuela pública: a cada uno de mis profesores y un poco de cada año. Luego fui a la escuela superior de primer grado, me saqué el permiso de conducir y comencé a trabajar en una tienda de ultramarinos. Recordé hasta ese momento un poco antes de comenzar el segundo año.

Esas cosas y algunas otras pasaron por mi mente con gran rapidez. Posiblemente no duró más de una décima de segundo. Ahí terminó todo y me quedé mirando al tractor. Pensé que estaba muerto, que era un ángel. Me pellizqué para saber si estaba vivo, si era un fantasma o qué cosa era.

El vehículo estaba destrozado, pero no me hice ni un rasguño. De alguna manera conseguí saltar por el parabrisas, pues los cristales estaban rotos. Cuando me calmé, pensé que era extraño que esas cosas que ocurrieron en mi vida y tanto me habían impresionado hubieran pasado por mi mente en esos momentos de crisis. Ahora podría recordarlas y describirlas una a una, pero tardaría como mínimo quince minutos. Todo había pasado enseguida, automáticamente, en menos de un segundo. Era sorprendente.

La frontera o límite

En algunos casos me han contado que durante la experiencia se aproximaron a lo que podría llamarse frontera o límite. En los diversos relatos ha tomado la forma de masa de agua, niebla gris, una puerta, un cercado o simplemente una línea. Aunque sea una especulación, cabe preguntarse si no habrá una sola experiencia básica o idea en la raíz de todos ellos. Si ello es cierto, las distintas versiones representarán tan solo las diferentes maneras individuales de interpretar, describir o recordar la base de la experiencia. Veamos algunos relatos en los que juegas un papel predominante la idea de frontera o límite.

1) «Fallecí» tras un paro cardiaco y de repente me encontré en un campo que giraba. Era hermoso y de un verde intenso; un color

que desconocemos en la tierra. Me rodeaba una hermosa luz. Miré hacia delante, al campo, y descubrí una valla. Me dirigí hacia ella y vi a un hombre al otro lado que también caminaba hacia la valla, pero en dirección opuesta a la mía, como si desease encontrarme. Quise alcanzarlo, pero me sentí atraído irresistiblemente hacia atrás. Al mismo tiempo lo vi dar la vuelta y alejarse de la valla

2) Esta experiencia tuvo lugar durante el nacimiento de mi primer hijo. Al octavo mes de embarazo enfermé de algo que mi doctor describió como condición tóxica y me pidió que ingresara en el hospital para tener el hijo. Nada más acabar el parto sufrí una grave hemorragia que tuvieron dificultades para controlar. Era consciente de lo que estaba pasando, ya que, como yo misma era enfermera, comprendía el peligro existente. En aquel momento perdí la conciencia y escuché un molesto zumbido. En la siguiente imagen que vi navegaba en una nave o una pequeña vasija hacia el otro lado de una masa de agua. En la otra orilla pude ver a los seres queridos que habían muerto: mi madre, mi padre, mi hermana y muchos más. Podía verlos, incluso sus rostros, como los conocí en la tierra. Me llamaban y pedían que fuera allí, y mientras tanto yo les decía: «No, no. No estoy preparada para unirme a vosotros. No quiero morir. No estoy preparada para ir».

La experiencia fue muy extraña, pues durante todo el tiempo podía ver a los doctores y enfermeras trabajando con mi cuerpo, pero era más como si fuera una espectadora en lugar de la persona —el cuerpo— con la que estaban trabajando. Trataba desesperadamente de comunicarle al doctor que no iba a morirme, pero nadie podía escucharme. Todo —los médicos, las enfermeras, la sala de partos, la nave, el agua y la costa distante— formaba una especie de conglomerado. Todo estaba mezclado, como si una escena tuviera sobreimpresa la otra.

La nave casi alcanzó la costa distante, pero cuando iba a hacerlo dio la vuelta y tomó la dirección opuesta. Finalmente, logré comunicar con el doctor y decirle: «No vaya morir». Creo que fue en ese momento cuando volví a entrar en el cuerpo y el doctor explicó lo ocurrido. Había tenido una hemorragia posterior al parto y casi me muero, pero iba a ponerme bien.

3) Me hospitalizaron por una grave afección en los riñones y estuve en coma durante una semana. Los médicos no sabían si sobreviviría. Durante ese periodo de inconsciencia sentí que me elevaba, como si no tuviera cuerpo físico. Se me apareció una brillante luz blanca. Tenía tal resplandor que no podía ver a través de ella, pero estar en su presencia resultaba tranquilizador y maravilloso. En la vida física no existe ninguna experiencia semejante. Mientras estaba en su presencia llegaron a mi mente los siguientes pensamientos: «¿Quieres morir?» Contesté que no lo sabía, pues nada conocía de la muerte. Entonces, la luz blanca me dijo: «Traspasa esa línea y lo aprenderás». Sentí que era consciente de la línea que había frente a mí, aunque en realidad no podía verla. Cuando la crucé, me inundaron los más maravillosos sentimientos de paz y tranquilidad y desaparecieron todas mis preocupaciones.

4) Tuve un ataque de corazón y me encontré en un hueco negro. Me daba cuenta de que había dejado el cuerpo físico. Sabía que estaba muriendo, y pensé: «¡Dios mío, hice todo lo que pude según lo que sabía en cada momento. Por favor, ayúdame!» Inmediatamente la negrura se tornó gris pálido y seguí moviéndome y deslizándome con rapidez hasta que enfrente de mí, muy distante, pude ver una niebla gris y me precipité hacia ella. Tenía la impresión de que no me acercaba tan deprisa como era mi deseo, pero cuando me aproximé lo bastante pude ver a través de ella. Más allá de la niebla había gente, y sus formas eran como las de los terrestres. También vi algo que podría tomarse como edificios. Todo era penetrado por una maravillosa luz: un resplandor vivo de amarillo dorado, pero de color pálido, no ese dorado duro que conocemos aquí.

Cuando me acerqué más, me sentí segura de que iba a atravesar la neblina. Tuve una sensación de maravillosa alegría; no hay palabras para describirlo en ningún lenguaje humano. No me había llegado el momento de cruzar la niebla, pues al instante apareció en el otro lado mi tío Carl, que había muerto unos años antes. Cerró el camino, y me dijo: «Regresa. No has completado tu labor en la tierra. Regresa ahora». Si bien no quería hacerlo, no tenía otra alternativa, y enseguida estaba de vuelta en el cuerpo. Sentí un terrible dolor en el pecho y oí a mi hijo pequeño diciendo: «¡Dios mío, devuélveme a mamá!»

5) Me llevaron al hospital en un estado crítico que llamaron «inflamación», y el médico dijo que no iba a superarlo. Avisó a los parientes cercanos, porque no iba a vivir mucho tiempo. Llegaron y se reunieron alrededor de la cama, y mientras el doctor decía que estaba muriendo me pareció que mis parientes se alejaban. Era como si en vez de irme yo fueran ellos los que viajaran hacia atrás. Se hacían más y más oscuros, pero los veía. Perdí la conciencia y no supe nada más de lo que ocurría en la sala del hospital, solo que estaba en un estrecho pasadizo en forma de *uve*. Como un agujero de la anchura de un sillón. Pasaba justamente mi cuerpo con los brazos y manos pegados a los costados. Pasó primero la cabeza y estaba oscuro, con una oscuridad de las de allí. Me movía por él, y al final vi una hermosa puerta pulimentada que no tenía pomo. Al lado de la puerta había una luz muy brillante. Parecía que todo el mundo era muy feliz allí y los rayos se movían y agitaban. Daba la impresión de que todos estaban muy ocupados. Miré hacia arriba, y dije: «Señor, aquí estoy. Si me quieres, tómame». Me tiró hacia atrás con tanta rapidez que sentí que había perdido la respiración.

El regreso

Como es obvio, todas las personas con las que he hablado han «regresado» desde algún punto de la experiencia. Por regla general, se ha producido en ellas un interesante cambio de actitud. Recordemos que los sentimientos más comunes informados en los primeros estadios de la experiencia eran un desesperado deseo de regresar al cuerpo y lamentaciones por el propio fallecimiento. Sin embargo, una vez que la persona había alcanzado cierta profundidad en la experiencia ya no quería regresar, e incluso se resistía a hacerlo. Así ocurrió, sobre todo, con los que habían ido lo bastante lejos para encontrarse con el ser luminoso. Como señaló un hombre de la manera más enfática: «*Nunca* quise abandonar la presencia de aquel ser».

Las excepciones a esta generalización son frecuentemente aparentes, no reales. Algunas madres que tenían hijos pequeños en el momento de la experiencia me dijeron que, aunque por ellas mismas hubieran preferido seguir donde estaban, sintieron la obligación de regresar y educar a los hijos.

Me preguntaba si me quedaría allí, pero mientras lo hacía recordé a mi familia, mis tres hijos y mi marido. Lo que siguió es lo más difícil de decir: cuando en presencia de esa luz tuve esa maravillosa sensación, ya no quise regresar. Sin embargo, me tomé mis responsabilidades en serio y comprendí que tenía un deber con la familia. Por tanto, decidí regresar.

En algunos casos me han contado que aunque se sentían cómodos y seguros en su nueva existencia sin cuerpo, e incluso estaban gozando de ello, se sintieron felices de poder regresar a la vida física porque habían dejado sin hacer alguna tarea importante. En algunos casos tomó la forma de un deseo de completar una educación.

Llevaba ya tres años en el colegio y solo me faltaba uno para terminar. Pensé: «No quiero morir ahora». Creo que si la experiencia llega a durar un poco más, de haber estado más tiempo con esa luz, ya no habría pensado más en mi educación, pues me hubiera entregado totalmente a las cosas que estaba experimentando.

Los relatos que he recogido presentan una gran variación al llegar al momento del modo de regreso a la vida física y al motivo del retorno. Casi todos afirman que no saben cómo o por qué regresaron, o que solo pueden hacer conjeturas. Unos pocos piensan que fueron sus propias decisiones de regresar al cuerpo y retornar a la vida terrena los factores decisivos.

Me hallaba fuera de mi cuerpo y comprendí que debía tomar una decisión. Sabía que no podía estar mucho tiempo así —muchos no podrán entender esto, pero para mí entonces estaba perfectamente claro—, por lo que tenía que decidir si me iba o regresaba.

Era maravilloso poder cruzar al otro lado, y creo que quería quedarme. Pero, en cierta manera, saber que tenía algo bueno que hacer en la tierra era igual de maravilloso. Por tanto, pensé: «Sí, debo regresar y vivir», y volví el cuerpo físico. Casi estoy por creer que yo mismo detuve la hemorragia. En cualquier caso, lo cierto es que enseguida me recuperé.

Hay otros que piensan que la vida les fue *permitida* por «Dios» o por el ser de la luz, ya como respuesta a un requerimiento propio —generalmente, porque la petición se hizo sin motivos egoístas—, o porque Dios o el ser tenían alguna misión para ellos.

Me encontraba encima de la mesa y podía ver todo lo que estaban haciendo. Sabía que me moría y que así sería, pero me preocupé por mis hijos y por quién cuidaría de ellos. Por tanto, no estaba preparada para irme y el Señor me permitió vivir.

Como recuerda uno de los entrevistados:

Dios fue bueno conmigo, pues estaba muerto y permitió que los doctores me resucitaran para cumplir un fin. Se trataba de ayudar a mi esposa, que tenía un problema alcohólico y no podía seguir adelante sin mí. Se encuentra mucho mejor ahora, y estoy convencido de que su mejoría tiene relación con lo que pasó.

Una joven madre cuenta:

El Señor me envió de regreso, pero no sé por qué. Lo sentí allí y me di cuenta de que Él me reconoció y supo quién era yo. No se decidió a dejarme en el cielo, aunque desconozco el motivo. He pensado muchas veces en ello desde entonces y creo que era, o bien porque tenía dos niños pequeños que cuidar, o porque yo personalmente no estaba preparada para ir allí. Todavía sigo buscando la respuesta y no puedo encontrarla.

En algunos casos los entrevistados han expresado el sentimiento de que el amor o las oraciones de los otros los trajeron desde la muerte sin que para ello intervinieran sus propios deseos.

Estuve con mi tía mayor durante su última enfermedad, que fue muy prolongada. Ayudé a cuidarla, y todo el tiempo los miembros de la familia rezábamos para que recuperase su salud. Dejó de respirar varias veces, pero siempre se recuperaba. Finalmente, un día me miró, y me dijo: «Joan, he estado allí, en el más allá, y es hermoso. Quiero quedarme, pero no puedo hacerlo si sigues rezando para que permanezca a tu lado. Tus oraciones me están sosteniendo aquí. Por favor, no reces más». Todos dejamos de hacerlo y al poco tiempo murió.

Una mujer me comunicó:

El médico dijo que había muerto, pero viví a pesar de ello. La experiencia que pasé fue muy alegre, carente de toda sensación desagradable. Cuando regresé y abrí los ojos, mi hermana y mi marido me vieron. Podía ver su consuelo y las lágrimas que brotaban de sus ojos. Pude comprobar que era un alivio para ellos que sobreviviera. Sentía que había sido llamada —magnetizada— por el amor de mi hermana y mi marido. Desde entonces he creído que otra gente puede hacerte regresar.

En algunos casos recuerdan haber retrocedido rápidamente por el túnel oscuro que atravesaron en los momentos iniciales de la experiencia. Un hombre recuerda que al morir fue impulsado hacia delante por un valle oscuro. Sintió que se aproximaba al final del túnel y, en determinado momento, oyó que lo llamaban desde atrás y volvió por el mismo camino.

Algunos han experimentado el volver a entrar en sus cuerpos físicos. Sin embargo, la mayoría dice que en el último momento de la experiencias se durmieron o quedaron inconscientes y que más tarde despertaron en sus cuerpos físicos.

No recuerdo haber entrado en mi cuerpo. Sentí que me dormía y de repente desperté y me vi en la cama. La gente que había en la habitación se encontraba en la misma posición que tenía cuando estaba fuera de mi cuerpo mirándolo y mirándolos.

Por otra parte, algunos recuerdan haber sido atraídos a sus cuerpos físicos con una sacudida al final de la experiencia.

Me encontraba en el techo viendo cómo trabajaban con mi cuerpo. Cuando pusieron conexiones en mi pecho y mi cuerpo saltó, sentí que mi cuerpo caía como un peso muerto. En mi siguiente visión ya estaba dentro de él.

O bien:

Decidí regresar, y cuando lo hice me pareció sentir una sacudida que me introdujo en el cuerpo, y en ese mismo momento volvía la vida.

En los informes en que el acontecimiento es recordado con algún detalle, la reentrada se hace «a través de la cabeza».

Mi «ser» tenía un extremo grande y otro pequeño, y al final del accidente, tras haber estado suspendido sobre mi cabeza, volvió a entrar. Cuando dejó el cuerpo, lo hizo primero el extremo grande, pero al regresar fue el pequeño el que entró en primer lugar.

Otra persona relata:

Cuando los vi recoger mi cuerpo y sacarlo del volante, se produjo una especie de silbido y sentí que pasaba por un área limitada, creo que una especie de embudo. La oscuridad era profunda y me movía por ella rápidamente de regreso al cuerpo. Tenía la impresión de que la succión que me atraía se iniciaba en la cabeza, que entraba por ella. No tuve la sensación de haber tomado una decisión, y ni siquiera me dio tiempo de pensar en ello. Estaba a varias yardas del cuerpo y de repente me encontré en él. Ni siquiera tuve tiempo para pensar: «Estoy siendo succionado hacia el cuerpo».

Las sensaciones que estaban asociadas con la experiencia persistieron algún tiempo después de haberse resuelto la crisis médica.

1) Al regresar, estuve llorando una semana por tener que vivir en este mundo después de haber visto el otro. No quería regresar.
2) Cuando regresé, me llevé conmigo algunas de las maravillosas sensaciones que tuve allí. Duraron varios días, e incluso ahora las percibo algunas veces.
3) Esa sensación era indescriptible, y en cierta manera permaneció conmigo. Nunca la olvidé, y todavía pienso en ella con frecuencia.

Hablar con los otros

Hay que dejar bien claro que una persona que ha pasado por una experiencia de este tipo no alberga dudas con respecto a su realidad y su importancia. Las entrevistas que he hecho están frecuentemente adornadas con observaciones para precisar ese hecho. Por ejemplo:

Mientras estuve fuera del cuerpo me sentía sorprendido de lo que me estaba ocurriendo. No podía entenderlo, y, sin embargo, era real. Vi mi cuerpo con claridad desde fuera. Mi mente no estaba en una situación desde la que pudiera querer hacer algo o no hacer nada. No producía ideas. Me encontraba, simplemente, en ese estado de mente.

Y también:

No era una alucinación ni nada semejante. Una vez tuve una alucinación, cuando me dieron codeína en el hospital. Ocurrió mucho antes que el accidente en que «fallecí». Esta experiencia no tenía nada de alucinación.

Tales observaciones provienen de gentes muy capaces de distinguir el sueño y la fantasía de la realidad. Las personas a las que he entrevistado están bien equilibradas y no cuentan sus experiencias como si hubieran sido sueños, sino como acontecimientos que les sucedieron realmente.

A pesar de estar convencidos de la realidad e importancia de lo que les ha ocurrido, comprenden que la sociedad contemporáneas no es un entorno en que informes de esa naturalezas puedan ser recibidos con simpatía y comprensión. Algunos me han dicho que se dieron cuenta desde el principio de que los otros los considerarían mentalmente inestables si relataban sus experiencias. En consecuencia, decidieron permanecer en silencio por lo que respecta a ese asunto o hablarlo solo con parientes muy cercanos.

Fue muy interesante, pero no me gustaba hablar de ello con los demás, pues suelen mirarte como si estuvieras loco.

Otro de ellos recuerda:

Durante mucho tiempo no hablé de ello con nadie. No conté nada en absoluto. Me atemorizaba que nadie pensara que estaba contando la verdad y me dijeran: «Te estás inventando todo eso».

Un día me decidí: «Bueno, veremos cómo reacciona mi familia ante ello», y lo conté, pero no lo he hecho con nadie más hasta ahora. Creo que mi familia pensó que había ido demasiado lejos.

Algunos trataron al principio de contárselo a alguien, pero no los creyeron y resolvieron desde entonces permanecer en silencio.

1) Solo se lo he contado a mi madre. Un poco después del hecho le dije cómo me había sentido, pero era un niño y no me prestó mucha atención; por tanto, no hablé de ello con nadie más.

2) Traté de comentarlo con un sacerdote, pero me dijo que había tenido una alucinación, así que mantuve la boca cerrada.

3) Era muy popular en la escuela superior, aunque no dejaba de ser una más. Era partidaria, no líder. Tras aquella experiencia traté de hablar con los demás y automáticamente me consideraron loca. Intentaba contarlo y me escuchaban con interés, pero más tarde descubrí que decían: «Está ida». Cuando vi que se había convertido en materia de bromas dejé de comunicarlo. Yo había estado intentando decir: «Fíjate qué cosa más extraña me ha ocurrido». Trataba de que comprendiesen que necesitamos saber muchas cosas sobre la vida, más de las que yo hubiera podido imaginar, y más, por supuesto, de las que ellos creían.

4) Al despertar, traté de hablar con las enfermeras sobre lo que había experimentado, pero me dijeron que no hablara, que solo había estado imaginando cosas.

5) Enseguida te das cuenta de que los demás no lo aceptan con la facilidad que tú desearías. Por eso no intentas ir por ahí contándole esas cosas a todo el mundo.

Es curioso que de todos los casos que he estudiado solo un médico revela cierta familiaridad con las experiencias de proximidad a la muerte o expresa alguna simpatía hacia ellas. Tras su experiencia de salir del cuerpo, una joven me dijo:

> Mi familia y yo preguntamos al doctor sobre lo que me había ocurrido, y este dijo que era frecuente, en las personas con graves heridas o dolores, que el alma se saliera del cuerpo.

Teniendo en cuenta el escepticismo y falta de comprensión que acompañan a cualquier intento de expresar una de estas experiencias, no es sorprendente que casi todos los que la han pasado acaben pensando que es algo único que nadie más ha experimentado. Por ejemplo, un hombre me dijo: «He estado en un lugar en el que nadie más ha estado».

Con frecuencia, me ha ocurrido que tras entrevistar a alguien preguntándole detalles de su experiencia y decirle que otros han tenido exactamente las mismas percepciones y han pasado por las mismas situaciones, esa persona se ha sentido aliviada.

Es muy interesante descubrir que otros han tenido la misma experiencia, pues no había entendido... Me alegro de haberlo oído y saber que alguien más ha pasado por ello. Ahora sé que no estoy loco.

Siempre lo consideré como algo real, pero no hablé con nadie porque tenía miedo de que me miraran y pensaran: «Tu mente se paró al mismo tiempo que tu cuerpo».

Me imaginaba que alguien más habría pasado por esa experiencia, pero pensaba que probablemente nunca me encontraría con nadie que supiera de ellas, pues la gente no iba a ir por ahí contándolo. Si alguien, antes de haber pasado yo por ello, hubiera venido a contármelo, lo miraría y me preguntaría a mí mismo qué era lo que estaba tratando de sacar de mí, pues así nos comportamos en esta sociedad.

Todavía hay otra razón por la que algunos son reticentes a relatar esa experiencia. Piensan que es tan indescriptible, que se encuentra tan alejada de las posibilidades del lenguaje humano y de las formas de percepción y existencia terrestres, que carece de sentido intentarlo.

Efectos sobre las vidas

Por las razones ya explicadas, ninguno de los que tuvieron la experiencia se fabricaron un atril portátil y se han ido a predicarla. Nadie se sintió dispuesto a ganar prosélitos, a intentar convencer a los otros de las realidades que ha experimentado. Por el contrario, he descubierto que la dificultad es la opuesta: se muestran reticentes para contar a los otros lo que les ha ocurrido.

Los efectos que esas experiencias tuvieron sobre sus vidas han tomado las formas más enmascaradas y sutiles. Algunos me contaron que sentían que los horizontes de sus vidas se habían ampliado y que habían profundizado más en ellas, que eran más reflexivos y se preocupaban más por las cuestiones filosóficas fundamentales.

En aquella época, antes de abandonar el colegio, estaba en una ciudad muy pequeña habitada por personas de mente estrecha, a las que me encontraba unido. Era el típico mocoso de una fraternidad de escuela. Quien no pertenecía a ella no tenía entidad.

Después de aquello quise conocer más. Sin embargo, no había nadie que supiera lo más mínimo, pues nunca salí de ese pequeño mundo. Nada sabía de psicología o algo parecido. Pero de la noche a la mañana, gracias a esa experiencia, había madurado y se abría ante mí un mundo nuevo del que antes no conocía ni siquiera su existencia. Pensé: «Tengo que descubrir tantas cosas...» En otras palabras, la vida es algo más, aparte de la películas de los jueves por las noche y el partido de fútbol. Hay más cosas de las que conozco. Entonces comencé a pensar: «¿Cuál es el límite del hombre y la mente?» Esa pregunta me abrió un mundo totalmente nuevo.

Otro dice:

Desde entonces tengo siempre en mente lo que he hecho y lo que haré con mi vida. Por lo que respecta al pasado, me siento satisfecho. El mundo no está en deuda conmigo, pues he hecho todo lo que he querido en la forma que he preferido, y además sigo viviendo y puedo hacer más. Tras fallecer y tener la experiencia, comencé de repente a preguntarme si había estado haciendo esas cosas porque eran buenas o porque me agradaban *a mí*. Antes seguía un impulso, ahora medito primero las cosas lentamente. Todo ha de pasar por mi mente y ser digerido.

Trato de hacer las cosas que tengan más significado, y eso hace que mi mente y mi alma se sientan mejor. Procuro no juzgar a la gente ni favorecer a uno u otro. Quiero hacer las cosas porque sean buenas, no porque lo sean para mí. La comprensión que tengo ahora de las cosas es mucho mayor. Creo que se debe a lo que me ha ocurrido, a los lugares y cosas que vi en la experiencia.

Algunos han informado de un cambio de actitud ante la vida física a la que han retornado. Por ejemplo, una mujer me dijo: «La vida tiene ahora más valor para mí».

Otra persona relata lo siguiente:

> En cierta manera fue una bendición, porque antes del ataque de corazón estaba tan ocupado planeando el futuro de mis hijos y preocupándome por el pasado, que me perdía las alegrías del presente. Ahora mi actitud es muy distinta.

Unos cuantos me dijeron que lo que ha cambiado es su concepto de la mente y el de la importancia relativa del cuerpo físico con respecto a la mente. Esto queda muy bien ilustrado en las palabras de una mujer que tuvo una experiencia de salirse del cuerpo muy cercana a la muerte:

> Era más consciente de mi mente que del cuerpo físico. La mente, y no la forma del cuerpo, era lo más importante. Antes, en cambio, había sido al revés. El cuerpo era lo más importante, y lo que estaba sucediendo en la mente...; bueno, estaba sucediendo y eso era todo. Después de aquello, mi mente se ha convertido en el principal punto de atención y el cuerpo ha ocupado un lugar secundaría; solo es algo que contiene la mente. No me importaría no tener un cuerpo, pues de todo lo que me interesa, la mente es lo más importante.

En un número muy pequeño de casos me han dicho que, tras la experiencia, han comenzado a adquirir o percibir facultades de intuición parapsíquicas:

> 1) Después de la experiencia me pareció estar invadido de un nuevo espíritu. Desde entonces muchos me han comentado que

cuando están perturbados les produzco un efecto calmante casi instantáneo. Tengo la impresión de que ahora sintonizo más con la gente, que percibo cosas de ellos con más rapidez.

2) Creo que las experiencias de la muerte me ha proporcionado la facultad de sentir lo que otros individuos necesitan en sus vidas. A menudo, por ejemplo, cuando estoy con gente en el ascensor de la oficina donde trabajo, casi me parece que puedo leer sus caras, saber si necesitan ayuda y de qué tipo. Muchas veces he hablado con gente que se encontraba en apuros y las he llevado a mi despacho para aconsejarlas.

3) Desde que fui herido he tenido la sensación de que puedo recoger los pensamientos y vibraciones de la gente y percibir el resentimiento en los otros. A menudo puedo saber lo que van a decir antes de que lo hagan. Pocos me creerán, pero he tenido algunas experiencias realmente extrañas desde entonces. Una vez, en una fiesta, recogí el pensamiento de los otros, y unos cuantos, que no me conocían, se levantaron y se fueron. Tenían miedo de que fuera un brujo o algo parecido. No sé si es algo que comencé a tener al estar muerto o si lo tenía dormido y no lo usé hasta después de la experiencia.

Hay un notable acuerdo en las «lecciones» extraídas de tan cercanos encuentros con la muerte. Casi todos han puesto de relieve la importancia que tiene tratar de cultivar en esta vida el amor a los demás, un amor profundo y único. Un hombre que se sintió totalmente amado y aceptado por el ser luminoso, incluso cuando su vida era mostrada panorámicamente para que el ser la viese, tuvo la sensación de que la «pregunta» que le estaba haciendo era si se sentía capaz de amar a los otros de la misma manera. Ahora piensa que mientras esté en la tierra su misión será tratar de aprender a actuar de ese modo.

Además, muchos han enfatizado la importancia de buscar conocimiento. Durante las experiencia vieron claramente que la adquisición de conocimiento continúa incluso en el más allá. Una mujer ha llevado a cabo todas las oportunidades educativas que se le han presentado desde la experiencia de «muerte». Otro hombre da el siguiente consejo: «No importa la edad que tenga. No deje de aprender, pues ese proceso continúa durante toda la eternidad».

Ninguno de los que he entrevistado me ha dicho que saliera de la experiencia sintiéndose moralmente «purificado» o perfeccionado. Tampoco ninguno muestra una actitud de mayor santidad que los demás. Casi todos han llegado a la conclusión de que sienten que están todavía intentando, todavía buscando. Su visión les dejó nuevas metas, nuevos principios morales y una renovada determinación de vivir de acuerdo con ellos, pero no sentimientos de salvación instantánea o infalibilidad moral.

Nuevas visiones de la muerte

Como era razonable esperar, tal experiencia tiene un efecto profundo sobre las actitudes ante la muerte física, especialmente en el caso de quienes previamente no hubieran creído que ocurriese algo después de la muerte. En una u otra forma, casi todos me han expresado que ya no temen a la muerte. Esta idea, empero, ha de ser clarificada. En primer lugar, ciertas formas de muerte resultan indeseables, y, en segundo lugar, ninguno de ellos busca activamente la muerte. Todos sienten que tienen tareas que realizar mientras estén físicamente vivos y se muestran de acuerdo con lo que me dijo uno de ellos: «He de cambiar muchas cosas antes de irme de aquí». Igualmente, todos desaprueban el suicidio como medio de volver a las esferas que vislumbraron durante sus experiencias. La idea central es que el estado de muerte ya no les resulta lúgubre.

Veamos algunos pasajes en que se expresan esas actitudes:

1) Supongo que esta experiencia modeló en cierta forma mi vida. Era un niño cuando me ocurrió, solo tenía diez años, pero toda mi vida he estado convencido, a partir de entonces, de que hay vida después de la muerte. No me cabe la menor duda de ello, y no tengo miedo a morir. He conocido personas que se atemorizaban realmente ante la idea. Siempre sonrió interiormente cuando oigo

a alguien dudar de la existencia de un más allá, o decir: «Cuando te has muerto, te has ido». Pienso para mí mismo que no saben de qué hablan.

Durante mi vida me han ocurrido muchas cosas. En el despacho he tenido una pistola apoyada en la sien, pero no he sentido apenas miedo, pues pensaba: «Si realmente muero, si de verdad me matan, sé que viviré en otro lugar».

2) Cuando era un niño solía tener miedo a morir. Me despertaba por las noches llorando y con un ataque de nervios. Mis padres entraban corriendo en la habitación y me preguntaban qué ocurría. Les decía que sabía que tenía que morir, pero no quería, y les preguntaba si podían evitarlo. «No —me respondían—, así son las cosas y debemos enfrentarnos a ellas». Mi madre me decía que todos teníamos que llegar a ello y que entonces lo haríamos muy bien. Años más tarde ella murió y hablé del asunto con mi esposa. Seguía temiendo la muerte y deseando que no viniera.

Sin embargo, desde que tuve la experiencia no la temo. Aquellos sentimientos desaparecieron. En los funerales ya no me siento mal. Al contrario, siento una especie de alegría en ellos, pues sé dónde se encuentra la persona muerta.

Creo que el Señor me hizo tener esa experiencia precisamente por la forma en que me sentía ante la muerte. Mis padres me consolaban, pero el Señor me mostró. Ahora ya no hablo de ello, pero lo conozco y me siento a gusto.

3) Ya no temo a la muerte. No es que la desee o quiera morir ahora. No quiero vivir en el otro lado, porque se supone que estoy viviendo aquí. La razón por la que no temo a la muerte es que sé adónde iré cuando deje esto, pues ya he estado allí antes.

4) Lo último que la luz me dijo antes de volver al cuerpo, a la vida, fue...: bueno, la idea se reduce a que regresaría. Me decía que esta vez seguiría viviendo, pero que volveríamos a estar en contacto y que en esa ocasión moriría realmente.

Por eso estoy seguro que la luz y la voz regresarán, aunque no sé cuándo. Pienso que será una experiencia similar, aunque creo que mejor, pues sabré lo que me espera y no estaré tan confuso. De todas maneras, no quiero regresar demasiado pronto, pues todavía he de hacer aquí unas cuantas cosas.

El motivo de que la muerte ya no produzca temor, como se deduce de los anteriores extractos, es que tras la experiencia nadie duda de la supervivencia a la muerte corporal. Ya no es una posibilidad abstracta, sino un hecho experimentado.

Recuérdese que al principio discutí el concepto de «aniquilación», que utilizaba el «sueño» y el «olvido» como modelos. Las personas que han «muerto» desaprueban esos modelos y eligen analogías que hablan de la muerte como una transición de un estado a otro, o como una entrada en un estado superior de conciencia o ser. Una mujer cuyos parientes habían fallecido y fueron a recibirla en su muerte, compara la experiencia con un «regreso al hogar». Otros la han vinculado con diferentes estados psicológicamente positivos; por ejemplo, con el despertar, con una graduación o con la salida de una cárcel.

1) Hay quien dice que no utilizamos la palabra «muerte» porque estamos tratando de escapar de ella. No es cierto en mi caso. Una vez que se ha tenido una experiencia como la mía, se sabe que no existe eso que se llama muerte. Simplemente te gradúas de una cosa y pasas a otra, de la misma manera que se pasa de la escuela pública al instituto.

2) La vida es como una prisión. En este estado no podemos darnos cuentas de hasta qué punto los cuerpos son prisiones.

La muerte es una liberación, como escapar de una cárcel. Es la mejor idea que se me ocurre si busco una comparación.

Incluso los que con anterioridad a la experiencia habían tenido alguna convicción tradicional sobre la naturaleza del más allá parecen haberse separado un poco de ella para seguir su propia aproximación a la muerte. De hecho, en todos los informes que he reunido, nadie me hace un cuadro mitológico de lo que hay al otro lado. Ninguno ha descrito las puertas nacaradas de los dibujantes, ni las calles doradas, ángeles alados tocando el arpa, ni un infierno de llamas con demonios con horcas.

En la mayor parte de los casos se abandona el modelo de recompensa-castigo, incluso por parte de quienes estaban acostumbrados a pensar en esos términos. Descubrieron, para su sorpresa, que incluso cuando sus actos aparentemente más horribles y pecaminosos se hacían manifiestos ante el ser luminoso, este no respondía con cólera, sino con comprensión e incluso con humor. Una mujer que pasó por la etapa de la revisión de la vida con ese ser vio algunas escenas en las que en lugar de amor había demostrado egoísmo. «Su actitud —cuenta ella—, cuando llegamos a esas escenas, era que con ellas había estado aprendiendo.» En lugar del viejo modelo, muchos se han vuelto hacia uno nuevo, a una nueva comprensión del mundo del más allá; una visión sin juicios unilaterales, con un desarrollo cooperativo hacia el fin último de la autorrealización. De acuerdo con estas nuevas visiones, el desarrollo del alma, especialmente por lo que se refiere a las facultades espirituales del amor y el conocimiento, no se detiene tras la muerte; continúa en el otro lado, quizá eternamente, pero con toda seguridad por un tiempo y una profundidad que solo podremos vislumbrar, mientras estemos en los cuerpos físicos, «a través de un cristal, misteriosamente».

Corroboración

Es natural plantearse ahora la cuestión de si es posible adquirir alguna evidencia de la realidad de las experiencias cercanas a la muerte, independiente a la misma descripción de las experiencias. Muchas personas informan que han estado fuera de sus cuerpos durante largos periodos y que han sido testigos de muchos acontecimientos del mundo físico mientras tanto. ¿Pueden comprobarse algunos de esos informes con otros testigos que hubieran estado presentes, o con acontecimientos posteriores que los confirmen, siendo de esta forma corroborados?

En bastantes casos la sorprendente respuesta a esa pregunta es afirmativa. Incluso puede decirse que la descripción de los acontecimientos vistos desde fuera del cuerpo suele ser muy comprobable. Algunos doctores, por ejemplo, me dijeron que han quedado muy desconcertados por la forma en que pacientes sin conocimientos médicos podían describir, correctamente y con todo detalle, el procedimiento utilizado en los intentos de reanimación, aunque estos acontecimientos hubieran tenido lugar cuando los doctores sabían que los pacientes estaban «muertos».

En algunos casos los entrevistados me han informado de que sorprendieron a sus doctores o a otras personas con la descripción de acontecimientos que habían visto mientras estaban fuera del cuerpo. Por ejemplo, cuando estaba muriendo, una joven salió de su cuerpo y pasó a otra sala del hospital, donde se encontró con su hermana mayor que lloraba, y decía: «¡Oh, Kathy; por favor, no mueras; por favor, no mueras!» La hermana mayor quedó sorprendida cuando, posteriormente, Kathy le dijo exactamente dónde había estado y lo que había dicho en esos momentos. En los dos extractos siguientes se describen acontecimientos similares.

1) Cuando todo hubo terminado, el doctor me dijo que había estado muy grave, y le contesté: «Ya lo sé». «¿Cómo lo sabe?» «Puedo decirle cuanto ha ocurrido». No me creía, así que se lo conté todo, desde el momento en que dejé de respirar hasta que volví a la vida. Él se sorprendió mucho de que supiera todo eso. No sabía qué decir, pero vino a verme en varias ocasiones para preguntarme cosas sobre ello.

2) Cuando desperté después del accidente, mi padre se encontraba allí, y yo ni siquiera quería saber cómo estaba, o lo que pensaban los doctores qué ocurría. Solo deseaba hablar de la experiencia que pasé. Le conté a mi padre quién había sacado mi cuerpo del edificio, y hasta le describí el color de sus ropas y la conversación que sostuvieron. Este afirmó que todo era cierto. Mi cuerpo había estado inánime todo ese tiempo, y no hubiera podido ver u oír todas esas cosas de no encontrarme realmente fuera de él.

En unos cuantos casos he podido obtener testimonios independientes que corroborasen tales acontecimientos. Sin embargo, surgen factores que complican el hecho de determinar el valor evidencial de tales informes independientes. En primer lugar, el hecho corroborador es atestiguado tan solo por la persona «muerta» y, todo lo más, por un par de amigos o parientes próximos. En segundo lugar, incluso en los ejemplos excepcionalmente dramáticos y bien atestiguados que he recogido, he prometido no revelar los nombres reales. Aunque pudiera hacerlo, por razones que explicaré en el último capítulo, no creo que tales hechos constituyesen una *prueba.*

Hemos llegado al final de nuestro examen de los diferentes estadios y acontecimientos comúnmente informados de la experiencia de la muerte. Para terminar este capítulo quiero incluir un extracto de bastante extensión de un relato excepcional que encierra muchos de los elementos ya discutidos. Contiene además una variante única de la que no hemos hablado antes: el ser luminoso le habla de antemano de su inminente muerte y decide luego dejarlo vivir.

Cuando aquello ocurrió padecía, y sigo padeciendo, una grave asma bronquial con enfisema. Un día tuve un ataque de tos y se me produjo una ruptura en la parte inferior de la espina dorsal. Durante dos meses consulté a varios médicos, pues me causaba un dolor terrible, y finalmente uno de ellos me remitió a un neurocirujano, el doctor Wyatt. Me examinó y dijo que debía ingresar inmediatamente en un hospital, lo que hice sin demoras.

El doctor Wyatt sabía que tenía una grave enfermedad respiratoria y llamó a un especialista pulmonar, quien habló de consultar al anestesista, doctor Coleman, sobre la conveniencia de dormirme. El especialista pulmonar me trató durante tres semanas con el fin de que el doctor Coleman pudiera anestesiarme. Este último, aunque bastante preocupado, un lunes dio su consentimiento. Planearon la operación para el viernes siguiente. El lunes por la noche me dormí y tuve un sueño tranquilo hasta la madrugada del martes, en la que desperté con graves dolores. Me di la vuelta y traté de colocarme en una postura más cómoda, y en ese momento apareció una luz en una esquina de la habitación debajo del techo. Era una bola de luz, casi como un globo, pero no muy grande. Diría que no más de doce o quince pulgadas de diámetro. Al aparecer la luz tuve una sensación. Mentiría si dijera que era horripilante. Era una sensación de paz completa y relajación profunda. La luz extendió una mano hacia mí y me dijo: «Ven conmigo. Quiero enseñarte algo». Inmediatamente, sin la menor vacilación, alcé mi mano y me cogí a la suya. Al hacerlo, tuve la sensación de ser arrastrado fuera de mi cuerpo, y al mirar hacia atrás lo vi allí, tumbado sobre la cama, mientras yo me elevaba hacia el techo de la habitación,

Nada más abandonar el cuerpo, tomé la misma forma que la luz. Sentí —he de utilizar mis propias palabras para ello, pues nunca he oído a nadie contar algo semejante— que esta forma era un espíritu. No era un cuerpo, sino un jirón de humo o de vapor. Parecía como el humo de un cigarrillo iluminado al ascender hacia una lámpara. Sin embargo, mi forma actual tenía colores. Había naranja, amarillo y otro que no podía diferenciar muy bien..., podía ser un índigo, un color azulado.

Aquel espíritu no tenía la forma de un cuerpo. Era aproximadamente circular, aunque tenía lo que podíamos llamar una mano. Lo sé porque cuando la luz me tendió la suya yo se la cogí. El brazo y la mano de mi cuerpo seguían con él, pues pude verlos sobre la cama al lado de mi cuerpo cuando me elevaba hacia la luz. Cuando no utilizaba la mano espiritual, el espíritu recobraba la forma circular.

Fui atraído hasta la posición de la luz y ambos atravesamos el techo y la pared de la sala del hospital, traspasamos un corredor y creo que unos suelos hasta pasar a un piso inferior. No teníamos dificultad para atravesar puertas o paredes, pues desaparecían de nuestra vista cuando nos aproximábamos a ellas.

Durante ese periodo me pareció que nos movíamos. Mejor dicho, sabía que nos estábamos moviendo, aunque no hubiera sensación de velocidad. En un momento, casi instantáneamente en realidad, me di cuenta de que habíamos llegado a la sala de recuperación del hospital. Ni siquiera sabía entonces en qué parte del mismo se encontraba, pero llegamos allí y de nuevo nos encontramos en una esquina de la habitación cercana al techo. Pude ver a los doctores y enfermeras con sus trajes verdes y las camas que allí había.

Entonces me dijo el ser —me enseñó—: «Ahí te van a llevar. Cuando te saquen de la mesa de operaciones te pondrán en esa cama, pero nunca despertarás. No te darás cuenta de nada desde que te lleven a la mesa de operaciones, hasta un poco después, que vendré por ti». No dijo esto con palabras. No era unas voz audible, pues, si así hubiera sido, la habrían oído los que se encontraban en la habitación. Era más bien una impresión que me llegaba, pero en forma tan vívida que yo no podía decir que no la había oído o sentido. Era bien definida.

Con respecto a lo que veía... ; bueno, era mucho más fácil reconocer las cosas estando en forma espiritual. Me preguntaba qué era lo que estaba tratando de enseñarme. Inmediatamente supe lo que tenía en su mente. No había duda. *Aquella cama* —la cama de la derecha según se entra del corredor— era donde iba a estar y que me sacaría de allí con un propósito determinado. Luego me explicó el motivo. No quería que tuviese miedo cuando llegara el momento de que mi espíritu abandonara el cuerpo, pero sí que conociese la sensación que se tenía al pasar por ese punto. Quería asegurarse de que no tendría miedo, pues el paso no sería inmediato; tendría que atravesar otras etapas primero, pero él lo supervisaría todo y estaría esperándome al final.

Cuando me uní a él para viajar hasta la sala de recuperación y me había convertido yo mismo en un espíritu, en cierta manera nos habíamos fusionado en uno. No obstante, seguíamos siendo dos espíritus separados. Él tenía pleno control de cuanto iba sucediendo en lo que respecta a lo que me concernía a mí. Incluso si viajábamos a través de las paredes y los techos, tenía la impresión de que seguíamos en tan estrecha comunicación que nada podía molestarlo. Nunca había sentido esa paz, esa calma y serenidad.

Tras decirme aquello, regresamos a mi habitación y volví a ver mi cuerpo en la misma posición en que lo dejamos. Creo que estuve fuera de él unos cinco o diez minutos, pero el paso del tiempo no tenía nada que ver con aquella experiencia. De hecho no recuerdo si alguna vez pensé en que el tiempo estaba pasando.

Me había cogido tan de sorpresa que estaba anonadado. Era tan vívido y real..., más que una experiencia ordinaria. A la mañana siguiente no experimentaba el menor miedo. Al afeitarme no sentí temblor en la mano, como me venía ocurriendo desde hacía seis u ocho semanas. Sabía que iba a morir, pero no me daba pena ni miedo. No pensaba siquiera en si podía hacer algo para evitarlo. Estaba preparado.

En la tarde del miércoles, un día antes de la mañana de mi operación, me encontraba en la habitación del hospital y me sentí preocupado. Mi esposa y yo teníamos un hijo, un sobrino adoptado, que nos estaba causando problemas. Decidí escribirles una carta a cada uno, expresándoles mis preocupaciones, y esconderlas en donde no pudieran ser encontradas hasta después de la operación. Cuando ya había escrito dos páginas a mi esposa, mis ojos se abrieron y rompí a llorar. Sentí que alguien estaba presente, y pensé que había llorado tan alto que una enfermera se acercaba para ver qué me pasaba. Pero no había oído abrir la puerta. De nuevo sentí aquella presencia, pero sin ver ninguna luz esa vez. Al igual que antes, me llegaron pensamientos y palabras: «Jack, ¿por qué estás llorando? Pensé que te gustaría estar conmigo». «Sí, me gusta, lo deseo con fuerza». «¿Por qué estás llorando, entonces?» «Tenemos un problema con nuestro sobrino, y temo que mi esposa no sepa cómo solucionarlo. Estoy tratando de ponerle en palabras cómo me siento y lo que quiero que ella haga por él. También estoy preocupado porque creo que mi presencia habría contribuido algo a solucionarlo».

Entonces volví a sentir sus pensamientos: «Como te estás preocupando por alguien más y pensando en los otros, te garantizo que tendrás lo que deseas. Vivirás hasta que tu sobrino se haya hecho un hombre». Después se fue. Dejé de llorar y destruí la carta para que mi esposa no la encontrase accidentalmente.

Aquella tarde, el doctor Coleman entró a verme y me dijo que esperaba tener problemas para hacerme dormir y que no debía sorprenderme de despertar y encontrarme con muchos cables, tubos y máquinas rodeándome. No le conté mi experiencia, limitándome a asentir y decirle que cooperaría.

A la mañana siguiente la operación fue muy larga, pero salió bien. Cuando estaba recuperando la conciencia, el doctor Coleman se encontraba allí, y le dije: «Sé exactamente dónde me encuentro». Él me preguntó: «¿En qué cama?» «En la primera de la derecha, según se entra en la sala». Se rió y pensó que estaba hablando por efectos de la anestesia.

Iba a decirle lo ocurrido, pero en ese momento entró el doctor Wyatt, y dijo: «Está despertando ahora. ¿Qué piensa hacer?» El doctor Coleman respondió: «No tengo que hacer nada. Nunca en mi vida me he sorprendido tanto. Estoy aquí con todo ese equipo preparado y no necesita nada». El doctor Wyatt replicó: «Todavía ocurren milagros». Cuando me levanté y vi lo que me rodeaba me encontré en la misma cama que la luz me había mostrado días antes.

Hace tres años de esto, pero sigue tan vívido como entonces. Ha sido lo más fantástico que me ha ocurrido nunca y me ha cambiado. Solo he hablado de ello con mi esposa, mi hermano, mi sacerdote y con usted. No sé cómo contarlo, es muy difícil de explicar. No trato de producir un gran *shock* en su vida ni de fanfarronear. Pero después de aquello ya no tengo dudas. Sé que hay vida después de la muerte.

3

Paralelos

Los acontecimientos producidos en los diversos estadios de la experiencia de la muerte son, como mínimo, inusuales. Por ello, mi sorpresa ha ido en aumento cuando con los años he ido encontrando una serie de paralelos. Estos se hallan en antiguos y muy esotéricos escritos de la literatura de muy diversas civilizaciones, culturas y áreas.

La Biblia

En nuestra sociedad la Biblia es el libro más leído y comentado de cuantos tratan de materias relativas a la naturaleza del aspecto espiritual del hombre y de la vida posterior a la muerte. Sin embargo, en general, la Biblia tiene muy poco que decir con respecto a los hechos que se producen después de la muerte y sobre la naturaleza precisa del mundo posterior a ella. Esto es especialmente cierto por lo que se refiere al Antiguo Testamento. Según los expertos bíblicos, solo dos pasajes del Antiguo Testamento hablan inequívocamente de la vida posterior a la muerte:

> Isaías 26, 19: «Revivirán los muertos; junto con los cadáveres se levantarán. Despertarán y cantarán los que vivieron en el polvo... y la tierra arrojará a los muertos»[1].

---

[1] Todas las citas de la Biblia están tomadas de la versión inglesa del rey Jaime.

Daniel 12, 2: «Muchos de los que duermen en el polvo de la tierra se despertarán, algunos para la vida eterna, algunos para la vergüenza y el desprecio eternos».

Obsérvese que en ambos pasajes se sugiere la resurrección del cuerpo físico, y que el estado de muerte física es comparado al sueño.

Es evidente, a partir del capítulo precedente, que algunas personas han sacado conceptos específicos de la Biblia cuando han tratado de elucidar o de explicarme lo que les ocurrió. Por ejemplo, se recordará que un hombre identificó la oscura envoltura por la que pasó en el momento de la muerte con el bíblico «valle de la sombra de la muerte». Dos personas mencionaron las palabras de Jesús: «Yo soy la luz del mundo.» Al menos en parte, identificaron a la luz con Cristo sobre la base de esa frase. Uno de ellos me dijo: «Nunca vi a una persona en esa luz, pero para mí era Cristo... La conciencia, la unidad con todas las cosas, el amor perfecto. Creo que Jesús se refería a eso cuando dijo que era la luz del mundo.»

En mi propia lectura he encontrado algunos paralelos que ninguno de los entrevistados había mencionado. El más interesante se encuentra en los escritos del apóstol San Pablo. Era un perseguidor del cristianismo hasta su famosa visión y conversión en el camino de Damasco.

Hechos 26, 13-26: «Al mediodía, ¡oh rey!, vi en el camino una luz venida del cielo, más brillante que el sol, que me rodeó a mí y a quienes viajaban conmigo. Cuando hubimos caído todos a tierra, escuché una voz que me hablaba y me decías en lengua hebrea: "Saúl, Saúl, ¿por qué me persigues? Te es duro dar coces contra los aguijones."

»Yo le dije: "¿Quién eres tú, Señor?" Él respondió: "Soy Jesús, a quien tú persigues. Levántate y ponte de pie, pues me he aparecido a ti para que seas mi servidor y testigo de las cosas que has visto y de las que te mostraré..."

»Así pues, oh rey Agripa, no fui desobediente a la visión celestial... Mientras decía esto, Festo gritó: "¡Pablo, estás loco, tanto aprender te ha afectado a la mente!"

»Yo le respondí: "No estoy loco, noble Festo; hablo de cosas verdaderas y sensatas"».

Este episodio tiene alguna semejanza con el encuentro con el ser luminoso en las experiencias cercanas a la muerte. Ante todo, el ser está dotado de personalidad, aunque no se vea forma física, y de él emana una «voz» que hace preguntas y da instrucciones. Cuando San Pablo trata de contárselo a los otros, se burlan de él y lo consideran loco. Sin embargo, la visión cambió el curso de su vida. Desde entonces se convirtió en el primer promotor del cristianismo, como forma de vida que implicaba el amor a los otros.

También hay diferencias, por supuesto. San Pablo no estuvo cerca de la muerte durante su visión. También habla de que fue cegado por la luz y perdió la vista durante tres días, lo que se opone a los informes que dicen que, a pesar de que tenía un brillo indescriptible, ni los cegó ni les impidió ver las cosas que les rodeaban.

En sus discusiones sobre la naturaleza de la vida del más allá, San Pablo dice que algunos ponen en duda el concepto cristiano de otra vida al preguntar por el tipo de cuerpo que tendrá el muerto:

> Corintios 15. 35-52: «Alguno dirá: ¿Cómo resucitan los muertos? ¿Con qué cuerpo? Loco.... lo que tú siembras no es el cuerpo que brotará, sino un simple grano...; pero Dios le da el cuerpo que le place, y a cada semilla su propio cuerpo... Hay cuerpos celestiales y cuerpos terrestres: una es la gloria del celestial y otra la del terrestre... Así es también la resurrección del muerto. Se ha sembrado en corrupción y resucita en incorrupción. Se ha sembrado en deshonor, resucita en gloria. Se ha sembrado en debilidad, resucita en poder. Se ha sembrado en un cuerpo natural, resucita en un cuerpo espiritual... Fijaos, os muestro un misterio: no todos moriremos, pero todos seremos transformados. En un momento. en el pestañear de un ojo, con la última trompeta, pues la trompeta sonará, todos los muertos resucitarán incorruptibles».

Es interesante que el breve esbozo que hace San Pablo de la naturaleza del «cuerpo espiritual» se corresponda tan bien con los relatos de quienes se han encontrado fuera de sus cuerpos. En todos los casos la inmaterialidad del cuerpo espiritual —su falta de sustancia física— se ha puesto de relieve. San Pablo dice, por ejemplo, que mientras el cuerpo físico es débil y feo, el espiritual será fuerte y hermoso. Esto me recuerda el relato de una experiencia cercana a la muerte en la que el cuerpo espiritual estaba completo mientras que el físico podía verse mutilado; así como otro en que el cuerpo espiritual no parecía tener una edad particular; es decir, no estaba limitado por el tiempo.

Platón

El filósofo Platón, uno de los mayores pensadores de todas las épocas, vivió en Atenas del 428 al 348 a. de J. C. Nos legó un cuerpo de pensamiento en la forma de veintidós diálogos filosóficos, la mayor parte de los cuales incluyen a Sócrates, su maestro, como interlocutor, y a un pequeño número de letrados.

Platón creía en la utilidad de la razón, la lógica y la argumentación para alcanzar la verdad y la sabiduría, pero solo hasta cierto punto, pues también era un gran visionario que sugería que la verdad última solo podía llegar con una experiencia casi mística de iluminación e intuición. Aceptaba que había planos y dimensiones de la realidad distintos al mundo sensible y físico, y creía que la esfera física solo podía entenderse por referencia a los planos «superiores» de la realidad. En consecuencia, estaba interesado principalmente en el componente incorpóreo y consciente del hombre, el alma, y consideraba el cuerpo físico como su vehículo temporal. No es sorprendente, por tanto, que se sintiese atraído por el destino del alma tras la muerte física, y que varios diálogos —especialmente *Fedón, Gorgias* y *La República*— traten en parte de ese tema.

Los escritos de Platón están plagados de descripciones de la muerte que son semejantes a las que discutimos en el capítulo previo. Por ejemplo, Platón define la muerte como la separación de la parte incorpórea de una persona viva, el alma, de la parte física, el cuerpo. Es más, la parte incorpórea está sometida a menos limitaciones que la física. Por tanto, Platón señala que el tiempo no es un elemento de la esfera que existe más allá del mundo sensible y físico. Las otras esferas son eternas y, según la notable frase de Platón, lo que llamamos tiempo no es sino «el reflejo móvil e irreal de la eternidad».

Platón habla en varios pasajes de que el alma separada de su cuerpo puede encontrarse y conversar con los espíritus de otros y ser guiada en la transición de la vida física a la otra esfera por espíritus guardianes. Menciona que en el momento de la muerte puede encontrarse una barca que lleve a través de una masa de agua a la «otra orilla» de la existencia. En *Fedón* el empuje y composición dramática de los argumentos y palabras utilizadas vienen a señalar que el cuerpo es la prisión del alma y que, en consecuencia, la muerte es como un escape o liberación de esa prisión. Aunque, como vimos en el capítulo primero, Platón articula —a través de Sócrates— la antigua visión de la muerte como sueño y olvido, lo hace solo para desaprobarla y darle un giro de 180 grados. Según Platón, el alma viene al cuerpo físico desde una esfera del ser superior y más divina. Para él, es el *nacimiento* lo que constituye el sueño y el olvido, pues el alma, al nacer en un cuerpo, pasa de un estado de gran conciencia a otro mucho menos consciente y olvida las verdades que sabía en su estado anterior externo a un cuerpo. Por tanto, la muerte es *despertar* y *recuerdo*. Pone de manifiesto que el alma que ha sido separada del cuerpo en la muerte puede razonar y pensar con mayor claridad que antes y puede reconocer las cosas en su verdadera naturaleza. Nada más morir se enfrenta a un «juicio» en el que un ser divino muestra ante el alma todas las cosas —las buenas y las malas— que ha hecho en su vida.

En el libro décimo de *La República* encontramos la similitud más notable. Platón cuenta el mito de Er, un soldado griego. Er fue a una batalla en la que murieron muchos griegos, y cuando sus compatriotas recogieron los cadáveres de la misma, su cuerpo estaba entre ellos. Yacía sobre una pira funeraria junto con otros para ser quemado. Al cabo de un tiempo, su cuerpo revivió y Er describe lo que vio en el viaje a las esferas del más allá. En primer lugar, su alma salió del cuerpo, se unió a un grupo de otros espíritus y todos juntos marcharon a un lugar en el que había «aberturas» o «pasadizos» que conducían de la tierra a las esferas del más allá. Aquí las otras almas eran detenidas y juzgadas por seres divinos que podían ver enseguida todas las cosas que el alma había hecho en su vida terrena. Sin embargo, Er no fue juzgado. Los seres le dijeron que debía regresar para informar a los hombres del mundo físico acerca de cómo era el otro mundo. Tras tener otras visiones, Er fue devuelto, pero dijo que no sabía cómo había regresado al cuerpo físico. Despertó y se encontró sobre la pira funeraria.

Es importante tener bien presente que el mismo Platón nos advierte que su descripción de los detalles precisos del mundo en el que entrará el alma tras la muerte son solo «probabilidades, en el mejor de los casos». Si bien no duda de la supervivencia de la muerte física, insiste en que al intentar explicar la vida del más allá desde nuestra vida física actual nos enfrentamos con dos grandes desventajas. Ante todo, nuestras almas se encuentran aprisionadas en los cuerpos físicos y estamos, pues, limitados por los sentidos físicos en lo que se refiere a experimentar y aprender. La visión, el oído, el tacto, el gusto y el olor, cada uno en su forma, pueden confundirnos. Para nuestros ojos, un objeto enorme es pequeño si está distante, podemos oír mal lo que alguien nos dice, etc. De todo esto puede resultar que tengamos falsas opiniones o impresiones de la naturaleza de las cosas. Nuestras almas no pueden ver la realidad en sí mismas hasta que se hayan liberado de las distracciones e imprecisiones de los sentidos físicos.

En segundo lugar, Platón dice que el lenguaje humano es inadecuado para expresar directamente las realidades últimas. Las palabras ocultan, más que revelan, la naturaleza interna de las cosas. En consecuencia, las palabras humanas no podrán hacer otra cosa que indicar —mediante la analogía, el mito y en otras formas indirectas— el carácter verdadero de lo que está más allá de la esfera física.

El *Libro tibetano de los muertos*

Este notable libro es una compilación de las enseñanzas de los sabios de muchos siglos del Tíbet prehistórico que pasó de una a otra de las primeras generaciones por tradición oral. Fue escrito finalmente en el siglo VIII a. de J. C., pero incluso entonces fue escondido para mantener el secreto ante los extraños.

Este libro inusual ha tomado la forma que le prestaron sus diversos e interrelacionados usos. Los sabios que lo escribieron veían la muerte como una habilidad: algo que puede hacerse con arte o de manera inconveniente, según que se tuvieran o no los conocimientos requeridos para hacerlo correctamente. Por tanto, el libro era leído como parte del rito funerario o ante la persona que estaba muriendo cuando le llegaban sus últimos momentos. Se pensaba que servia así para dos funciones. En primer lugar, para ayudar a la persona que estaba muriendo a recordar cada uno de los maravillosos fenómenos conforme los iba experimentando. En segundo lugar, para ayudar a los que seguían viviendo a tener pensamientos positivos y a no mantener al muerto con su amor y preocupación emocional, de forma que pudiera entrar en los planos posteriores a la muerte con una estructura mental adecuada y liberado de todas las preocupaciones corporales.

Para conseguir esos fines, el libro contiene una detallada explicación de los diferentes estadios que atraviesa el alma tras la muerte física. La correspondencia entre su relato de los primeros estadios de la muerte y la descripción que me han hecho los que se han encontrado cerca de ella es fantástica.

Ante todo, en el *Libro tibetano,* la mente o el alma de la persona muerta abandona el cuerpo. Poco tiempo después, el alma se desvanece, y se encuentra en un vacío; no en un vacío físico, sino uno sometido a sus propios límites y en el que existe la conciencia. Puede oír ruidos y sonidos alarmantes, descritos como rugido, estruendo y ruidos silbantes, como los del viento, y generalmente el muerto ve que él y lo que le rodea está envuelto en una luz neblinosa y gris.

Se sorprende de verse a sí mismo fuera del cuerpo físico. Ve y oye a sus parientes y amigos lamentándose sobre su cuerpo y preparando el funeral, y cuando intenta comunicar con ellos, ni lo escuchan ni lo ven. Todavía no ha comprendido que está muerto y se encuentra confuso. Se pregunta a sí mismo si está muerto o no, y cuando comprende finalmente que sí lo está, no sabe adónde irá o lo que hará. Se siente pesaroso y deprimido en su estado. Durante un tiempo permanece cerca de los lugares que le han sido familiares durante su vida física.

Observa que todavía está en un cuerpo —llamado el cuerpo «brillante»—, que no parece estar compuesto de sustancia material. Puede atravesar las piedras, paredes y montañas sin encontrar resistencia. El viaje es casi instantáneo. Cuando desea ir a algún sitio, llega en un momento. Su pensamiento y percepción están menos limitados; su mente es muy lúcida y sus sentidos parecen más perfectos y cercanos a la naturaleza divina. Si en la vida física ha sido ciego, o mudo, o lisiado, se sorprende de que en su cuerpo «brillante» tiene todos los sentidos, y que todas las facultades de su cuerpo físico se han restaurado e intensificado. Puede encontrarse con otros seres con el mismo tipo de cuerpo y con uno de luz pura y transparente. Los tibetanos aconsejan al muerto que se aproxima a esa luz que trate de tener solo amor y compasión hacia los otros.

El libro también describe los sentimientos de inmensa paz que el muerto experimenta, así como una especie de «espejo» en el que se refleja toda su vida, los actos buenos y malos, para que él y los seres que lo juzgan puedan verlos. En esta situación no cabe la mala interpretación, y la mentira sobre la propia vida es imposible.

En resumen, aunque el *Libro tibetano de los muertos* incluye estadios más largos que ninguno de mis entrevistados han recorrido, es obvia la similitud entre lo que se relata en este antiguo manuscrito y lo que me han contado americanos del siglo veinte.

Emanuel Swedenborg

Swedenborg, que vivió entre 1688 y 1772, nació en Estocolmo. Era famoso en su época e hizo contribuciones respetables en varios campos de las ciencias naturales. Sus escritos, orientados en un principio hacia la anatomía, fisiología y psicología, le ganaron un gran reconocimiento. Sin embargo, en un periodo más tardío de su vida sufrió una crisis religiosa y comenzó a hablar de experiencias según las cuales pretendía haber estado en comunicación con entidades espirituales del más allá.

Sus obras posteriores tienen muchas descripciones de cómo es la vida que hay más allá de la muerte. De nuevo es sorprendente la correlación entre lo que él escribe de algunas de sus experiencias espirituales y lo que cuentan los que han tenido experiencias cercanas a la muerte. Por ejemplo, describe cómo, cuando han cesado las funciones corporales de respiración y circulación,

> el hombre todavía no ha muerto, sino que está separado de la parte corpórea que utilizó en el mundo... El hombre, cuando muere, solo pasa de un mundo a otro[2].

Afirma que él mismo ha pasado por las primeras etapas de la muerte y ha tenido experiencias fuera de su cuerpo.

> Pasé por un estado de insensibilidad de los sentidos corporales, casi por el estado de la muerte; la vida de pensamiento interior seguía entera, por lo que percibí y retuve en la memoria las cosas que ocurrieron y lo que les ocurre a los que han resucitado... Especialmente se percibe... que hay una absorción..., un tirón de... de la mente, es decir, del espíritu, hacia fuera del cuerpo.

Durante la experiencia se encuentra con seres a los que identifica con «ángeles». Estos le preguntan si está preparado para morir.

> Aquellos ángeles me preguntaron primero cuál era mi pensamiento, si era como el de los que mueren, que generalmente se preguntan sobre la vida eterna; me dijeron que deseaban mantener mi mente en ese pensamiento.

La comunicación que tiene lugar entre Swedenborg y los espíritus no es de tipo terrestre y humano. Es casi una transferencia directa de pensamientos. No hay posibilidad de mala comprensión.

> Los espíritus conversan entre sí mediante un lenguaje universal... Todo hombre, nada más morir, conoce ese lenguaje..., que es propio a su espíritu...

---

[2] Todas las citas de Swedenborg están tomadas del *Compendium of the Theological and Spiritual Writtings of Emanuel Swedenborg* (Crosby and Nichols, Boston, 1853), págs. 160-197.

Lo que le dice un ángel o un espíritu a un hombre se oye igual que lo que le dice un hombre a otro hombre. Pero no es oído por los otros que están allí, sino por él solo; la razón es que lo que dice el ángel o el espíritu fluye primero al pensamiento de hombre...

La persona recién fallecida no comprende que está muerta, pues sigue en un «cuerpo» que se asemeja al cuerpo físico en varios aspectos.

El primer estado del hombre tras la muerte es similar a su estado en el mundo, pues externamente es de la misma manera... Por tanto, no sabe otra cosa que el hecho de que sigue en el mundo... Una vez que se han maravillado de que están en un cuerpo y de que siguen en el mundo... desean saber lo que es el cielo y el infierno.

El estado espiritual es menos limitado. La percepción, el pensamiento y la memoria son más perfectos, y el tiempo y el espacio ya no constituyen obstáculos, como en la vida física.

Todas las facultades de los espíritus... se dan en un estado más perfecto, así como las sensaciones, pensamientos y percepciones.

El muerto puede encontrarse con otros espíritus, a los que conoció en vida. Están allí para ayudarle a pasar al más allá.

El espíritu de un hombre recién salido del mundo es... reconocido por sus amigos y por aquellos a quienes había conocido en el mundo..., que lo instruyen de lo concerniente al estado de vida eterna...

Puede ver su vida pasada en una visión. La recuerda con todo detalle y no tiene posibilidad de mentir u ocultar nada.

La memoria interior... En ella están escritas todas las cosas particulares... que el hombre ha pensado, hablado y hecho... desde su primera infancia hasta el momento de morir. Al hombre le acompaña el recuerdo de todas las cosas cuando pasa a la otra vida y es llevado sucesivamente a rememorarlas todas... Cuanto ha hablado y hecho... queda manifiesto ante los ángeles con una luz tan clara como la del día..., y... nada hay tan oculto en el mundo que no se manifieste tras la muerte... como visto en efigie, cuando el espíritu es visto a la luz del cielo.

Swedenborg también describe la «luz del Señor», que penetra el futuro, una luz de inefable brillo que él mismo ha visto. Es una luz de verdad y comprensión.

De nuevo en los escritos de Swedenborg, como antes en la Biblia, las obras de Platón y en el *Libro tibetano de los muertos*, encontramos notables paralelos con los acontecimientos que han contado nuestros contemporáneos que tuvieron experiencias próximas a la muerte. Surge, sin embargo, la cuestión de si dicho paralelismo es realmente tan sorprendente. Alguien podría sugerir, por ejemplo, que los autores de esas obras podrían estar influenciados entre ellos. Tal aserción podría sostenerse en algunos casos, pero no en todos. Platón admite que algunas de sus intuiciones derivan directamente del misticismo religioso de Oriente, por lo que podría estar influenciado por la misma tradición que produjo el *Libro tibetano de los muertos*. A su vez las ideas de la filosofía griega influenciaron a algunos autores del Nuevo Testamento, por lo que podría argumentarse que la discusión de San Pablo sobre el cuerpo espiritual podría tener sus raíces en Platón.

Por otro lado, en la mayor parte de los casos no es posible establecer que tal influencia haya podido tener lugar. Cada escrito tiene algunos detalles interesantes que solo se producen en mis entrevistas y que, por tanto, su autor no podría haber sacado de autores anteriores. Swedenborg leyó la Biblia y estaba familiarizado con Platón. Sin embargo, alude varias veces al hecho de que quien acaba de morir no comprende su estado hasta pasado cierto tiempo. Este hecho, que se produce una y otra vez en los relatos de quienes han tenido una experiencia próxima a la muerte, no es mencionado ni en la Biblia ni en Platón. En cambio, sí es enfatizado en el *Libro tibetano de los muertos,* obra que Swedenborg no tuvo posibilidad de leer, pues no fue traducida hasta 1927.

¿Es posible que las experiencias próximas a la muerte que yo he recogido estuvieran influenciadas por las obras que he discutido? Todas las personas a las que he entrevistado conocían la Biblia con anterioridad a su experiencia, y dos o tres sabían algo de Platón. Ninguno tenía noticias siquiera de la existencia de las obras de Swedenborg o del *Libro tibetano de los muertos.* Algunos detalles que no aparecen en la Biblia ni en Platón afloran constantemente en las experiencias que he recogido y se corresponden exactamente con acontecimientos y fenómenos mencionados en las fuentes más inusuales.

Debe reconocerse que la existencia de paralelos y similitudes entre los escritos de los antiguos pensadores y los informes de americanos actuales que sobrevivieron a experiencias próximas a la muerte sigue siendo un hecho sorprendente y todavía no explicado. También hemos de preguntarnos la razón por la cual la sabiduría de los tibetanos, la teología y las visiones de Pablo, las extrañas intuiciones y mitos de Platón y las revelaciones espirituales de Swedenborg están tan de acuerdo, tanto entre ellos mismos como con los informes de los individuos contemporáneos que se hallaron próximos al estado de la muerte.

4

Cuestiones

A L lector ya se le habrán ocurrido muchas dudas y objeciones. Gran cantidad de preguntas se me han planteado sobre la materia en los años que llevo dando conferencias en público y hablando de ello en privado. En general, suelen preguntarme las mismas cosas en la mayor parte de las ocasiones, por lo que me resulta sencillo hacer una lista con las que me han hecho con mayor frecuencia. En este capítulo y en el siguiente me dedicaré a ellas.

¿Se está inventando usted todo esto?

No. Trato de hacerme un porvenir en la enseñanza de la psiquiatría y la filosofía de la medicina, y si intentara perpetrar una trampa no sería el camino para llegar a ese fin.

Además, según mi experiencia, los que han buscado con diligencia entre sus conocidos, amigos y parientes experiencias semejantes pronto han visto desaparecer sus dudas.

¿No está siendo poco realista? ¿Hasta qué punto son comunes esas experiencias?

Soy el primero en admitir que, debido a la naturaleza necesariamente limitada de los casos que muestro, soy incapaz de dar un cálculo estadístico numéricamente significativo de la incidencia de este fenómeno. Sin embargo, quiero decir lo siguiente: la incidencia de estos fenómenos es más común de lo que pensaría cualquiera que no los haya estudiado. He dado muchas conferencias sobre la materia, ante grupos de diferentes tipos, y no se dio un solo caso en el que no se haya levantado alguien para contarme una historia semejante, e incluso públicamente en algunos casos. Por supuesto, puede alegarse —y quien lo haga no se equivoca— que hay más probabilidad de que vaya a esas conferencias quien ha tenido una de esas experiencias. Sin embargo, en muchos de los casos que me he encontrado, la persona no vino a la conferencia a causa del tema. Por ejemplo, recientemente me dirigí a un grupo de unas treinta personas. Dos de ellas habían tenido experiencias próximas a la muerte y se encontraban allí por ser miembros del grupo. Ni siquiera conocían de antemano el tema de la charla.

Si las experiencias próximas a la muerte son tan frecuentes como usted dice, ¿por qué no es algo generalmente conocido?

Hay varias razones para ello. En primer lugar, se encuentra el hecho, en mi opinión, de que nuestra época está decididamente en contra de la discusión sobre la posibilidad de supervivencia a la muerte corporal. Vivimos en una era en que la ciencia y la tecnología han dado pasos de gigante en la comprensión y conquista de la naturaleza. Hablar de la vida posterior a la muerte les resulta algo atávico a muchos que sienten que la idea pertenece más a nuestro pasado «supersticioso» que al presente «científico». En consecuencia, quienes han experimentado lo que recae fuera de la esfera de la ciencia, tal como la entendemos, son considerados ridículamente. Siendo conscientes de esas actitudes, las personas que han tenido experiencias trascendentes se muestran remisas a relatarlas abiertamente. Estoy convencido de que una gran cantidad de material se esconde en las mentes de quienes han tenido esas experiencias, pero que, por miedo a ser tomados como «locos» o «excesivamente imaginativos», nunca lo han contado salvo a uno o dos amigos íntimos o parientes.

Además, la oscuridad pública del tema parece derivar en parte de un fenómeno psicológico bastante común que implica a la atención. Gran parte de lo que oímos y vemos queda sin registrar en nuestras mentes. Sin embargo, si nuestra atención es atraída por algo, tenemos la tendencia a notarlo después. Muchas personas han tenido la experiencia de aprender una nueva palabra y luego verla en todo lo que leían en los días siguientes. La razón no es que el lenguaje haya adoptado esa palabra y aparezca por todas partes, se trata más bien de que la palabra estaba en todo lo que había leído, pero, no siendo consciente de su significado, la pasaba por alto sin darse cuenta de su existencia.

Similarmente, tras una conferencia abrí el turno de discusión y un doctor se levantó y me dijo: «Llevo varios años dedicado a la medicina. Si estas experiencias son tan comunes como usted dice, ¿cómo no había oído hablar de ellas?» Sabiendo que probablemente habría alguien que conocería algún caso, devolví la pregunta al auditorio, y pregunté: «¿Ha oído alguien hablar de alguna experiencia semejante?» La esposa del doctor levantó el brazo y contó una que le había ocurrido a un amigo íntimo de ambos.

Por dar otro ejemplo, puedo citar el de un médico a quien yo conozco. que tomó conciencia de estos fenómenos leyendo un antiguo artículo de periódico sobre una de mis conferencias. Al día siguiente un paciente le relató, sin haberle preguntado él nada, una experiencia similar. El médico estableció que su paciente no podía saber nada de mis estudios. Le confió la historia porque estaba sorprendido y algo alarmado por lo que le ocurrió y buscaba una opinión médica. Es posible que en ambos casos los doctores supieran algo del asunto con anterioridad, pero de ser así habían pensado en ello como desviaciones individuales y no como fenómenos ampliamente extendidos, motivo por el cual no le prestaron atención.

En el caso de los médicos existe un factor adicional que puede contribuir a la explicación de su desconocimiento de los fenómenos próximos a la muerte, a pesar de que seria de esperar que los médicos, con más motivo que nadie, se tienen que haber encontrado con casos de ese tipo. Durante su aprendizaje en las facultades de medicina se los bombardea constantemente con la idea de que deben guardar muchas reservas ante la expresión que hace el paciente de lo que siente. Un médico presta mucha atención a los «signos» objetivos de los procesos de la enfermedad, pero toma los informes subjetivos («síntomas») con muchas reservas. Es un procedimiento razonable, pues es más factible enfrentarse a lo objetivo. Sin embargo, dicha actitud tiene también el efecto de esconder las experiencias que nos incumben, pues muy pocos médicos suelen preguntar a los pacientes que han reanimado sobre sus sensaciones y percepciones. A causa de ello cabe sospechar que los doctores —en teoría el grupo con más posibilidades de encontrar experiencias cercanas a la muerte— no tienen más posibilidades que el resto de las personas de encontrarse con tal tipo de casos.

¿Ha detectado alguna diferencia entre mujeres y hombres con respecto a este fenómeno?

No parece existir ninguna diferencia en los contenidos o tipos de experiencias informados por unas y otros. Tanto los hombres como las mujeres han descrito los elementos más comunes de los encuentros con la muerte que hemos discutido y ninguno de los aspectos se da con más frecuencia en unos o en otras.

Las diferencias son de otro tipo. En general, los hombres que tuvieron esas experiencias se han mostrado más reticentes a la hora de hablar de ello. Fueron más los hombres que me contaron con brevedad sus casos y no han respondido a mis cartas o contestado a mis llamadas cuando he tratado de obtener un informe más detallado. Más hombres que mujeres me han dicho: «Traté de olvidarlo, de suprimirlo», aludiendo con frecuencia al miedo, al ridículo o confesando que las emociones implicadas en la experiencia eran excesivamente abrumadoras para volver a contarlas.

Aunque no puedo ofrecer ninguna explicación del hecho, no he sido el único en observarlo. El doctor Russell Moores, famoso investigador, me dijo que tanto él como algunos de sus compañeros habían observado la misma situación. Los hombres que llegan a él para informarlo de alguna experiencia psíquica son tres veces menos numerosos que las mujeres.

También es interesante el hecho de que durante el embarazo el número de experiencias ha sido mayor. También puedo explicar el motivo. Quizá se deba a que es un estado fisiológico en el que hay mayor posibilidad de riesgo y mayor número de complicaciones médicas potenciales. Unido el hecho de que ese estado solo se da en las mujeres, al de que estas son menos reticedentes para hablar, podría explicarse la mayor frecuencia de tales experiencias durante el embarazo.

¿Cómo sabe que no le están mintiendo?

A quienes no han escuchado y visto cómo relataban las experiencias les resultaba fácil mantener la hipótesis de que esas historias son falsas. Me encuentro, sin embargo, en una posición única. He sido testigo de que hombres y mujeres adultos, maduros y emocionalmente estables, se venían abajo y lloraban al contarme acontecimientos que les habían sucedido tres décadas antes. He detectado en sus voces una sinceridad, calor y sentimiento que no pueden ser transcritos en el libro. En consecuencia, la noción de que esos relatos puedan estar preparados me resulta insostenible, aunque desgraciadamente es imposible que muchos otros compartan mi creencia.

Aparte de mi opinión, hay una serie de consideraciones que se oponen a la hipótesis de tal preparación. La más obvia es la dificultad de explicar la similitud de tantos relatos. ¿Cómo es posible que en ocho años tantas personas hayan venido a *mí* con la misma mentira? La confabulación podría ser una posibilidad teórica. ¿Es concebible que una agradable dama de Carolina del Norte, un estudiante de medicina de Nueva Jersey, un veterinario de Georgia y muchos otros hayan formado una banda e iniciado una conspiración para producir una mentira elaborada para mí? ¡No creo que sea una posibilidad muy factible!

Si no están mintiendo abiertamente, quizá lo estén desfigurando de una manera más sutil. ¿No es posible que hayan elaborado sus historias con los años?

Esta cuestión hace referencia al bien conocido fenómeno psicológico de que una persona puede iniciar un relato simple de un acontecimiento o experiencia, convirtiéndolo con el paso del tiempo en un relato elaborado. Cada vez que lo cuenta añade un detalle sutil y acaba por creérselo él mismo, de forma que al final la historia está tan embellecida como alejada del original.

No creo que ese mecanismo haya sido operativo en la mayor medida en los casos que he estudiado. En primer lugar, los relatos de las personas a las que entrevisté inmediatamente después de su experiencia —en algunos casos cuando aún se encontraban en el hospital— son idénticos a los de quienes recordaban historias que habían sucedido hacía décadas. Además, en algunos casos habían escrito descripciones de sus experiencias al poco tiempo de haberlas tenido y me leían sus notas durante la entrevista. También estas descripciones son del mismo tipo que las recordadas tras un lapso de varios años. Hay que tener en cuenta el hecho de que a veces he sido la primera o segunda persona con la que hablaban de ello, y que aun así lo hacían con bastante desgana a pesar de que habían pasado varios años. Aunque en esos casos la oportunidad de embellecimiento era escasa o nula, tampoco se diferenciaban de los relatos que habían sido contados muchas veces en varios años. Lo que sí ha sido posible en algunos casos es lo contrario al embellecimiento. Es lo que los psiquiatras llaman «supresión»: un esfuerzo consciente por controlar los recuerdos indeseados, los sentimientos o los pensamientos, o por ocultarlos a la conciencia. En numerosas ocasiones, en el curso de las entrevistas me han hecho observaciones indicativas de que se había producido la supresión. Por ejemplo, una mujer que me contó una experiencia muy elaborada que tuvo lugar durante su «muerte», me dijo: «Creo que hay más cosas, pero no puedo recordarlas. Traté de olvidarlas, porque sabía que la gente no iba a creerme». Un hombre, que sufrió un paro cardiaco durante una operación debida a unas heridas graves recibidas en Vietnam, me contó sus dificultades para tratar emocionalmente con sus experiencias externas al cuerpo. «He dejado de contarlo hasta ahora…, creo que hay muchas cosas que no recuerdo. He tratado de olvidarlas». En resumen, parece evidente que el embellecimiento no ha sido un factor significativo en el desarrollo de estas historias.

¿Profesaban esas personas una religión con anterioridad a la experiencia? ¿No estará formado todo, en ese caso, por las creencias y antecedentes religiosos?

Parecen estarlo hasta cierto punto. Como mencioné antes, aunque la descripción del ser luminoso es invariable, sí cambia la identidad que se le adscribe, aparentemente en función de los antecedentes religiosos del individuo. Sin embargo, en toda mi investigación no he escuchado una sola referencia al cielo o al infierno, ni el cuadro que acostumbramos a oír en esta sociedad. Muchas personas han señalado qué diferentes fueron sus experiencias a lo que hubieran esperado teniendo en cuenta su aprendizaje religioso. Una mujer me contó: «Siempre había oído que al morir se veía el cielo y el infierno, pero yo no vi el uno ni el otro». Otra, que tuvo una experiencia externa al cuerpo tras unas heridas graves, me informó: «Lo extraño es que en la educación religiosa que recibí siempre me habían enseñado que al morir te encuentras ante las bellas y nacaradas puertas. Pero yo flotaba alrededor de mi cuerpo..., ¡Y eso fue todo! Estaba asombrada». Además, en algunos casos los informes provienen de personas que carecían de creencia o educación religiosa anterior a la experiencia, y sus descripciones no parecen diferir en contenido en comparación con las de personas con fuertes creencias religiosas. En algunos casos alguien que había estado expuesto a doctrinas religiosas y las había rechazado adquirió profundos y nuevos sentimientos religiosos tras la experiencia. Otros comentan que aunque habían leído textos religiosos, como la Biblia, hasta que tuvieron aquella experiencia no habían comprendido realmente algunas cosas.

¿Qué relación tienen las experiencias que ha estudiado con la posibilidad de la reencarnación?

Ninguno de los casos que he observado es indicativo de alguna manera de que la reencarnación se produzca. Hay que tener en cuenta, sin embargo, que ninguno de ellos excluye esa posibilidad. Si la reencarnación existe, parece lógico pensar que se producirá un intervalo en alguna otra esfera entre el tiempo de separación del viejo cuerpo y la entrada en otro nuevo. En consecuencia, el entrevistar a quienes han estado cerca de la muerte no es la técnica apropiada para estudiar la reencarnación.

Otros métodos se han intentado para estudiar ese fenómeno. Por ejemplo, algunos han utilizado la técnica de la «regresión lejana». Un sujeto es hipnotizado y se le sugiere que retroceda mentalmente a etapas cada vez más lejanas en la vida. Cuando alcanza las primeras experiencias que puede recordar de su vida presente, se le dice que trate de retroceder un poco más. En ese punto algunas personas comienzan a contar historias elaboradas sobre vidas anteriores en épocas pasadas y lugares distantes. En algunos casos tales historias se comprueban con notable precisión. Así ocurre cuando se establece que el sujeto no podía haber conocido de forma normal los acontecimientos, personas y lugares que describe con tanta precisión. El caso de Bridey Murphy es de los más famosos, pero hay muchos otros, algunos incluso más impresionantes y mejor documentados, que no son tan ampliamente conocidos. Los lectores interesados en conocer esta cuestión pueden confrontar *Twenty Cases Suggestive of Reincarnation,* del doctor Jan Stevenson. También es digno de tener en cuenta que en el *Libro tibetano de los muertos,* en donde se describen con tanta precisión los estadios del encuentro con la muerte, se dice que la reencarnación se produce en un punto posterior, tras los acontecimientos que han sido relatados por mis entrevistados.

¿Ha entrevistado alguna vez a alguien que haya tenido una experiencia cercana a la muerte en relación con un intento de suicidio? ¿Fue la experiencia diferente en ese caso?

Conozco algunos casos en los que un intentó de suicidio fue la causa de la «muerte» aparente. Estas experiencias fueron uniformemente caracterizadas como desagradables.

Una mujer me dijo: «Si dejas esto con un alma atormentada, también allí la tendrás». En resumen, dicen que los conflictos que les llevaron a suicidarse para escapar estaban todavía presentes cuando murieron, pero con más complicaciones. En el estado incorpóreo no podían hacer nada por sus problemas, pero tenían que ver las desgraciadas consecuencias que resultaban de sus actos.

Un hombre que se pegó un tiró, deprimido por la muerte de su esposa, «muriendo» y resucitando luego, cuenta:

> No fui adonde estaba [mi esposa]. Fui a un lugar horrible... Inmediatamente comprendí el error que había cometido y pensé: «Ojalá no lo hubiera hecho».

Otros que han experimentado ese desagradable «limbo» cuentan que tuvieron la sensación de que estarían allí mucho tiempo. Fue su castigo por «romper las reglas», por tratar de liberarse a sí mismos de lo que era una «misión»: cumplir un cometido en la vida.

Esas observaciones coinciden con las informaciones de personas que «murieron» por otras causas, pero que mientras estaban en ese estado les llegó el pensamiento de que el suicidio era un acto muy desafortunado al que le esperaba un grave castigo. Un hombre que estuvo cerca de la muerte tras un accidente automovilístico, cuenta:

> [Mientras estuve allí] tuve la sensación de que dos cosas me estaban totalmente prohibidas: suicidarme y matar a otra persona... Si me matara a mí mismo, sería arrojarle a Dios su regalo a la cara... Matar a otro sería interferir en los propósitos de Dios para ese individuo.

Sentimientos como esos, que me han expresado en distintas entrevistas, son idénticos a los encerrados en los más antiguos argumentos teológicos y morales contra el suicidio, descritos en diversas formas en los textos de pensadores tan diferentes cómo Santo Tomás de Aquino, Locke y Kant. Un suicida, según Kant, está actuando en oposición a los propósitos de Dios y llega al otro lado con la consideración de rebelde a su Creador. Santo Tomás de Aquino afirma que la vida es un don de Dios, y que a Él, no al hombre, le corresponde retirarlo.

Sin embargo, discutiendo esto no paso de un juicio moral contra el suicidio. Solo informó de lo que me han contado otros que han pasado por esa experiencia. En otro libro mío, una segunda obra sobre experiencias cercanas a la muerte en el que este tema, junto con otros, será tratado con mayor amplitud.

¿Conoce algún caso perteneciente a otra cultura?

No. De hecho, una de las múltiples razones por las que digo que mi estudio no es «científico, se debe a que el grupo de individuos a quienes he escuchado no está constituido por una muestra al azar de seres humanos. Estaría muy interesado en escuchar experiencias cercanas a la muerte de esquimales, indios kwakiutl, navajos, de watusis, etc. Sin embargo, debido a limitaciones geográficas y de otro tipo no he podido localizar ninguna.

¿Hay ejemplos históricos de fenómenos cercanos a la muerte?

No los conozco. Sin embargo, dado que he estado totalmente ocupado por ejemplos contemporáneos, he carecido de tiempo para investigar esa cuestión. No me sorprenderla descubrir que existen informes de ese tipo en el pasado. Por otra parte, tengo la sospecha de que las experiencias cercanas a la muerte han sido más comunes en las pasadas décadas que en periodos anteriores. La razón es que solo en los últimos tiempos ha podido producirse la reanimación tecnológica. Muchos de los individuos que sobrevivieron en nuestra época no hubieran podido hacerlo en tiempos pasados. Inyecciones de adrenalina al corazón, una máquina que produce un *shock* en él, corazones artificiales y pulmones de acero son ejemplos de esos avances médicos.

¿Ha investigado los registros médicos en sus entrevistados?

Siempre que me fue posible. En los casos en que me invitan a hacerlo han demostrado la exactitud de las afirmaciones hechas por las personas implicadas. En algunos casos, debido al paso del tiempo y/o a la muerte de las personas que realizaron la reanimación, los registros no estaban disponibles. Los informes de los cuales no existen registros no son diferentes de los que los poseen. En muchos casos, cuando los registros médicos no han sido accesibles, he contado con el testimonio de otros —amigos, doctores o parientes del informante—, quienes han afirmado que se produjo la muerte clínica.

He oído que al cabo de cinco minutos la reanimación es imposible, y, sin embargo, usted dice que algunos de los entrevistados estuvieron —muertos—hasta veinte minutos. ¿Cómo es posible?

La mayor parte de los números y cantidades que se citan en la práctica médica son valores medios y no deben tomarse como absolutos. La cifra de cinco minutos que con frecuencia oímos es un promedio. Es una norma clínica no intentar la reanimación después de cinco minutos porque, en la mayor parte de los casos, puede haberse producido algún daño cerebral por falta de oxigeno. Sin embargo, como es un promedio, puede esperarse que existan casos individuales a ambos extremos. Incluso he encontrado casos en los que la reanimación se produjo después de veinte minutos, sin que de ello resultara dañado el cerebro.

¿Algunos de ellos estuvieron realmente muertos?

Una de las razones principales por las que esa cuestión es tan confusa y difícil de responder es que hay un problema semántico en relación con el significado de la palabra «muerte». Como revela la reciente controversia en torno a los trasplantes de órganos, la definición de la «muerte» no está establecida ni siquiera entre los profesionales en el campo de la medicina. Los criterios no varían solo entre abogados y médicos, sino entre los mismos médicos y de hospital a hospital. La respuesta dependerá, por tanto, de lo que se entienda por «muerte». Será provechoso examinar aquí las tres definiciones y hacer un comentario de ellas.

1. «Muerte» como ausencia de signos vitales clínicamente detectables

Hay quien dice que una persona está «muerta» si su corazón deja de latir y permanece sin respirar durante un periodo de tiempo extenso; si su presión sanguínea desciende tanto que no puede detectarse; si dilata las pupilas; si la temperatura corporal comienza a descender, etc. Es la definición clínica, y ha sido empleada durante siglos por médicos y abogados. De hecho, la mayor parle de la gente que fue considerada muerta ha sido tratada con ese criterio. En ese nivel clínico se encontraron muchas de las personas cuyos casos he estudiado. Tanto los testimonios de los médicos como los datos registrados apoyan el argumento de que tuvieron lugar «muertes» en ese sentido.

2. «Muerte» como ausencia de actividad eléctrica cerebral

El avance de la tecnología ha producido el desarrollo de técnicas más sensitivas para detectar los procesos biológicos, incluso los que no son observables con los sentidos humanos. El electroencefalógrafo (EEG) es un aparato que amplifica y registra los reducidos potenciales eléctricos del cerebro. Recientemente, hay una tendencia a determinar la muerte «real», cuando no hay actividad eléctrica en el cerebro, lo que se determina por trazados «rectos» en el EEG.

Obviamente, en todos los casos de reanimación con que he tratado existía una extrema emergencia clínica y no había tiempo para colocar un EEG. Los médicos estaban ocupados en conseguir reanimar al paciente. En consecuencia, puede argumentarse que ninguna de esas personas estuvo «muerta».

Supongamos por un momento que se han obtenido lecturas «rectas» con un EEG en un gran porcentaje de las personas que fueron considera-das muertas y resucitaron. ¿Añadirla mucho ese hecho? Por tres motivos, creo que no. Primero, los intentos de reanimación son siempre emergen-cias que pueden durar todo lo más treinta minutos. Colocar una EEG es una tarea técnica muy complicada, y es bastante común que incluso los más experimentados tengan que trabajar con él algún tiempo antes de obtener lecturas correctas, incluso en las mejores condiciones. En una emergencia, con su consiguiente confusión, la probabilidad de error sería mucho mayor. Por tanto, incluso aunque pueda presentarse un trazado «recto» de EEG obtenido en una persona con una experiencia próxima a la muerte, cualquier crítico podría decir, con justicia, que la lectura podía no ser exacta.

Segundo, incluso la maravillosa máquina que mide las ondas cerebrales, apropiadamente colocada, no nos permite determinar con infalibilidad si la reanimación es posible en un caso dado. Se han obtenido trazados rectos de EEG en personas que posteriormente fueron reanimadas. Las sobredosis de drogas que actúan como depresoras del sistema nervioso central, así como la hipotermia (baja temperatura corporal), producen ese fenómeno.

Tercero, si pudiese contar con un caso en que se hubiese establecido que la máquina estaba bien conectada, todavía quedaría un problema. Alguien podría decir que no hay prueba de que la experiencia cercana a la muerte tuvo lugar mientras el trazado era rectilíneo, pues pudo ocurrir antes o después. Por tanto, mi conclusión es que el EEG no resulta muy válido en el estadio presente de la investigación.

3. «Muerte» como pérdida irreversible de funciones vitales

Hay quien adopta incluso una definición más restrictiva, sosteniendo que no puede hablarse de que una persona está muerta si posteriormente es reanimada, con independencia del tiempo en que los signos vitales hayan sido clínicamente indetectables y del tiempo en que los trazados del EEG hayan sido rectilíneos. En otras palabras, se define a la muerte como el estado del cuerpo del cual no se puede salir. Obviamente, según esta definición, ninguno de los casos que he conocido han implicado el estado de muerte, pues en todos se ha producido la reanimación.

Hemos visto, entonces, que la respuesta a la pregunta depende de lo que se entienda por muerte. Hay que tener en cuenta que es una disputa semántica; la cuestión no pierde por ello importancia, pues las tres definiciones encierran significativos puntos de vista. De hecho, yo estaría de acuerdo con la tercera, con la más rigurosa de todas. Incluso en los casos en que el corazón no palpita, los tejidos del cuerpo, particularmente del cerebro, deben seguir con oxígeno y alimento la mayor parte del tiempo. No es necesario en ningún caso suponer que se ha violado una ley biológica o fisiológica. Para que se haya producido la reanimación en las células del cuerpo debe haber continuado algún grado de actividad residual, aunque los signos normales de esos procesos no sean clínicamente detectables con los métodos empleados. No obstante, en el momento presente parece imposible determinar con exactitud cuál es el punto sin retorno. Puede variar de un individuo a otro, y posiblemente no sea un punto fijo, sino una gama de variación en un continuo. De hecho, hace unas décadas la mayor parte de las personas con las que he hablado no podrían haber regresado, por lo que podemos pensar que en el futuro dispondremos de técnicas para revivir a gente que no puede ser salvada hoy en día.

Supongamos que la muerte es una separación de la mente y el cuerpo y que la primera pasa a otras esferas de la existencia en ese punto. Habría que llegar a la conclusión de que existe algún mecanismo por el cual el alma y el cuerpo se liberan tras la muerte. Seguimos sin ninguna base para suponer que este mecanismo funciona exactamente de acuerdo con lo que en nuestra era hemos aceptado arbitrariamente como el punto sin retorno. Ni podemos suponer que funciona perfectamente en cada caso, ni mucho menos que cualquier sistema corporal funciona siempre perfecta-mente. Quizá el mecanismo pueda ponerse en funcionamiento alguna vez antes de la crisis fisiológica, proporcionando a alguna persona una breve visión de otras realidades. Ello podría dar cuenta de los informes de quienes han tenido visiones retrospectivas de sus vidas, experiencias externas al cuerpo, etc., cuando están seguros de que van a morir, antes incluso de que se haya producido una herida grave.

Lo que en última instancia quiero afirmar es lo siguiente: cualquiera que sea el punto de muerte irrecuperable —en el pasado, presente y futuro—, aquellos con quienes he hablado han estado mucho más cerca de él que la gran mayoría de seres humanos. Por esta razón, deseo oír lo que ellos tienen que decir.

En un análisis final, por tanto, es inútil cavilar sobre la definición precisa de la «muerte» —irreversible o no— en el contexto de esta discusión. Lo que la persona que pone tales objeciones ante las experiencias cercanas a la muerte tiene en la mente es algo más básico. Para dicho crítico, en tanto quede una posibilidad de que haya alguna actividad biológica residual en el cuerpo, ella podrá ser la causa de la experiencia.

Doy por supuesto de antemano que esa actividad biológica residual debe existir en todos los casos. Por tanto, la cuestión de si hubo una muerte real se reduce al problema más básico de si la función biológica residual podría dar cuenta de la existencia de esas experiencias. En otras palabras:

¿Son posibles otras explicaciones? (es decir, otras que no sean la supervivencia a la muerte corporal).

Esta pregunta nos lleva al tema del siguiente capítulo.

5

Explicaciones

DISPONEMOS de «explicaciones» alternativas al fenómeno de proximidad a la muerte. Desde un punto de vista puramente filosófico pueden construirse infinidad de hipótesis para explicar cualquier experiencia, observación o hecho. Es decir, siempre se pueden dar más explicaciones teóricamente plausibles para cualquier cosa que se quiera demostrar. Lo mismo sucede con estas experiencias; se presentan todo tipo de explicaciones posibles.

De las numerosas explicaciones que pueden aportarse teóricamente, unas cuantas me las han hecho con relativa frecuencia en los encuentros públicos que he tenido. Trataré de estas explicaciones más comunes y de otras que todavía no me han propuesto. Las he dividido arbitrariamente en tres tipos: sobrenatural, natural (científica) y psicológica.

Explicaciones sobrenaturales

Aunque muy raramente, en las conferencias me han propuesto explicaciones demoniacas a las experiencias cercanas a la muerte, sugiriendo que eran dirigidas por fuerzas enemigas. Como respuesta a ellas puedo decir lo siguiente: creo que la mejor forma de distinguir entre experiencias dirigidas por Dios y las dirigidas por Satán es ver lo que la persona implicada hace y dice después de la experiencia. Es de suponer que Dios trataría de que aquellos ante quienes aparece fueran amorosos y perdonaran. Satán preferiría que sus siervos se dedicaran al odio y la destrucción. Las personas con las que he hablado están dispuestas a seguir el primer camino y a desaprobar el segundo. A la luz de las maquinaciones de un hipotético demonio tendría que haber hecho para engañar a su desventurada víctima (¿y con qué propósito?), ha fracasado miserablemente —por lo que yo sé— en la consecución de emisarios persuasivos de su programa.

Explicaciones naturales (científicas)

1. La explicación farmacológica

Se ha sugerido que esas experiencias están causadas por las medicinas administradas al enfermo en su momento de crisis. La plausibilidad superficial de esta idea deriva de varios hechos. Por ejemplo, la mayor parte de los médicos y abogados están de acuerdo en que algunos medicamentos producen experiencias y estados mentales engañosos y alucinatorios. Además, nos encontramos en una época en que hay un interés profundo por el problema del abuso de drogas, y gran parte de la atención pública se ha enfocado en el uso ilícito del LSD, marihuana, etc., que parecen causar episodios alucinatorios. Nos encontramos, finalmente, con el hecho de que incluso muchas drogas médicamente aceptadas están asociadas a diversos efectos en la mente que pueden recordar a los acontecimientos de la experiencia de morir. Por ejemplo, la cetamina (o ciclohexanona) es un anestésico que se aplica mediante inyección por vía intravenosa con efectos lateralmente similares en algunos aspectos a las experiencias externas al cuerpo. Ha sido calificado de anestésico «disociativo» porque durante la inducción el paciente puede quedar sin respuesta no solo al dolor, sino también al entorno como totalidad. Se siente disociado, de su entorno, incluyendo en él las partes de su propio cuerpo: brazos, piernas, etc. Después de la recuperación, durante cierto tiempo puede tener disturbios psicológicos, como alucinaciones y sueños muy vívidos. (Obsérvese que pocas personas han utilizado esa palabra —«disociación»— para caracterizar sus sentimientos cuando estaban fuera del cuerpo.)

También he recogido algunos relatos de gente que, cuando estaban bajo el efecto del anestésico, identificaron como visiones alucinatorias de la muerte. Veamos un ejemplo.

> Ocurrió cuando tenía diez años. Había ido al dentista para un empaste y me dieron óxido nítrico. Me ponía nervioso tomarlo porque pensaba que no despertaría de nuevo. Cuando la anestesia comenzó a hacer efecto, me sentí dando vueltas en espiral. No tenía la impresión de que yo mismo me estuviese moviendo, sino de que el sillón del dentista daba vueltas y ascendía cada vez más.
>
> Todo era brillante y blanco cuando llegué al final de la espiral; unos ángeles bajaron a recibirme y llevarme al cielo. Uso el plural, «ángeles», porque aunque era algo muy vago estaba seguro de que había más de uno. No puedo decir cuántos.
>
> En determinado momento el dentista y la enfermera hablaban entre sí sobre otra persona, y los oía, pero cuando habían acabado una frase ni siquiera podía recordar el principio. Sabía que estaban hablando y que sus palabras formaban un eco que daba vueltas y vueltas. Era un eco que parecía alejarse, como el de las montañas. Recuerdo que me pareció oírlos desde arriba, pues tenía la impresión de estar subiendo al cielo.
>
> Es todo lo que recuerdo, aparte de que no tenía miedo ante el pensamiento de morir. En esa época de mi vida temía ir al infierno, pero cuando ocurrió aquello solo pensé que iba al cielo. Más tarde me sorprendió mucho que la idea de la muerte no me hubiera atemorizado, pero llegué a la conclusión de que en el estado de anestesia nada me molestaba. Me sentía feliz porque el gas me había quitado toda preocupación. Pensé que ese era el motivo. Fue algo muy vago y no me volví a preocupar de ello.

Obsérvese que hay algunos puntos de similitud entre esta experiencia y otras que fueron sentidas como reales por quienes las sufrieron. Se describe una luz brillante y blanca, el encuentro con otros que lo llevan al otro lado y no hay preocupación por estar muerto. También hay dos aspectos que sugieren una experiencia externa al cuerpo: su impresión de que oía desde arriba las voces del dentista y la enfermera y la sensación de «flotar».

Por otra parte, otros detalles de la historia son muy atípicos de las experiencias que se consideraron que realmente habían sucedido. La luz brillante no es personificada y no se producen inefables sentimientos de paz y felicidad. La descripción del otro mundo está muy literaturizada y, según propia confesión, muy de acuerdo con las enseñanzas religiosas recibidas. Los seres son identificados con «ángeles» y habla de ir al «cielo», que se encuentra «arriba». No ha visto ni su cuerpo ni cualquier otro cuerpo, y siente que es el sillón del dentista, y no su propio movimiento, la fuente de la rotación. Expresa repetidamente la vaguedad de su experiencia y esta no tiene efectos sobre su creencia en un más allá. (De hecho, sigue teniendo dudas sobre la supervivencia a la muerte corporal.)

Comparando los informes en los que la experiencia es atribuida a la droga con las experiencias cercanas a la muerte que se consideran reales, deben mencionarse algunos puntos. En primer lugar, quienes me han descrito las experiencias con «drogas» no son ni más ni menos románticos, imaginativos o inteligentes. En segundo lugar, estas experiencias son extremadamente vagas. En tercer lugar, las historias varían unas de otras, pero la variación es mucho mayor con respecto a las visiones «reales» cercanas a la muerte. Además, al elegir el caso específico de experiencia con «anestésico» he escogido a propósito el que *más claramente se asemeja* al grupo de las experiencias «reales». Sugeriría, por tanto, que, en general, hay grandes diferencias entre los dos tipos de experiencias.

Hay factores adicionales que desaprueban la explicación farmacológica de esos fenómenos. El más significativo es que en muchos casos no se administró ninguna droga antes de la experiencia, y en algunos ni siquiera fue administrada con posterioridad. Muchas personas me han insistido en que la experiencia tuvo lugar antes de que les suministraran cualquier tipo de medicación, en algunos casos antes de que obtuvieran cualquier clase de atención médica. Incluso en los ejemplos en que sí existieron drogas terapéuticas, la variedad de los medicamentos empleados con los diferentes pacientes es enorme. Desde sustancias como la aspirina, pasando por antibióticos y adrenalina hormonal, a anestésicos locales y gaseosos.

La mayor parte de las drogas no se asocian con efectos sobre el sistema nervioso central o con efectos físicos. También hay que tener en cuenta que no existen diferencias entre los grupos que no recibieron medicamentos y los que sí. Diré, por último, sin añadir comentario alguno, que una mujer que «murió» dos veces en distintas ocasiones separadas por varios años, atribuye la *falta* de experiencia en la primera ocasión a que estaba anestesiada. La segunda vez, cuando no había tomado ninguna droga, tuvo una experiencia completa.

Una de las suposiciones de la moderna farmacología médica es la noción, que también ha ganado aceptación entre muchos abogados de nuestra sociedad, de que las drogas psicoactivas producen los episodios psíquicos con los que está asociado su uso. Estos acontecimientos psíquicos son considerados, por tanto, como «irreales», «alucinatorios», «engañosos» o producidos «solo en la mente». Debe recordarse que esta idea no es universalmente aceptada; existe otra noción de la relación entre las drogas y las experiencias que suceden con su uso. Me refiero a la utilización iniciática y exploradora de lo que llamamos drogas «alucinógenas». En distintas épocas el hombre ha utilizado esos compuestos psicoactivos en su búsqueda de otros estados de conciencia y realidad. (Para una exposición contemporánea viva y fascinante de esa utilización de la droga, véase el libro, *The Natural Mind*, del doctor Andrew Weil.) De esta manera, el uso de la droga ha estado asociado históricamente no solo con la medicina y el tratamiento de enfermedades, sino también con la religión y el logro de la iluminación. Por ejemplo, en los bien conocidos rituales del culto del peyote entre los indios americanos del oeste de Estados Unidos, el peyote (que contiene mescalina) es ingerido para alcanzar visiones religiosas e iluminación. Hay cultos similares en todo el mundo, y sus miembros comparten la creencia de que la droga empleada constituye un medio para pasar a otras dimensiones de la realidad. Suponiendo que esta idea sea válida, podría pensarse hipotéticamente que el uso de la droga sería un camino más entre los muchos que llevan al logro de la iluminación y al descubrimiento de otras esferas de la existencia. La experiencia de morir podría ser, en ese caso, otro de los caminos, y así nos sería posible explicarnos el parecido entre las experiencias inducidas por drogas con las que hemos analizado en este libro.

2. Explicaciones fisiológicas

La *fisiología* es la rama de la biología que trata de las funciones de las células, órganos y cuerpos completos de los seres vivos y de las interrelaciones entre esas funciones. Una explicación fisiológica de los fenómenos cercanos a la muerte que se han propuesto con frecuencia es que, dado que el abastecimiento de oxígeno al cerebro se suspende durante la muerte clínica y en otros casos de grave tensión corporal, el fenómeno percibido debe representar una especie de último grito compensatorio del cerebro moribundo.

El error principal de esa hipótesis es el siguiente: como puede verse fácilmente observando las experiencias relacionadas con la muerte que antes mencionamos, muchas de ellas se produjeron con anterioridad a cualquier tensión fisiológica del tipo requerido. En algunos casos ni siquiera hubo daño corporal durante el encuentro. Además, todos los elementos que aparecen en los casos de heridas graves se encuentran también en las historias contadas por quienes no habían sido heridos.

3. Explicaciones neurológicas

La *neurología* es la especialidad médica que trata de la causa, diagnosis y tratamiento de las enfermedades del sistema nervioso —es decir, el cerebro, la médula espinal y los nervios—. En determinadas condiciones neurológicas también se observan fenómenos similares a los que fueron informados por personas que estuvieron cerca de la muerte. En consecuencia, algunos pueden proponer explicaciones neurológicas de las experiencias cercanas a la muerte en términos de supuestas malfunciones del sistema nervioso de la persona moribunda. Consideremos los paralelos neurológicos de dos de los más sorprendentes episodios de la experiencia de la muerte: la «revisión» instantánea de los acontecimientos de la vida del moribundo y el fenómeno de salirse del cuerpo.

Encontré un paciente en una sala de neurología de un hospital que me describió una forma peculiar de ataque en la que tenía visiones retrospectivas de los acontecimientos de su vida.

La primera vez que me ocurrió estaba mirando a un amigo que se encontraba en la habitación. El lado derecho de su rostro se distorsionó y, repentinamente, mi conciencia fue invadida por escenas que me habían ocurrido en el pasado. Se producían en la misma forma como habían ocurrido: vívidas, en color y tridimensionales. Sentí náuseas, y me asusté tanto que traté de evitar las imágenes. Desde entonces he tenido muchos de esos ataques y he aprendido lo suficiente para dejar que sigan su curso. El paralelo más cercano que puedo encontrar son las escenas que ponen en televisión en la noche de año nuevo. Las imágenes de lo ocurrido durante el año pasan por la pantalla, pero cuando estás viendo una ya se ha ido, sin que tengas tiempo ni siquiera de pensar en ella. Así ocurre con esos ataques. Veo algo y pienso que lo recuerdo. Trato de mantenerlo en la mente, pero ya ha sido sustituido por otra imagen,

Siempre son imágenes de algo que ha ocurrido y nada está modificado. Sin embargo, cuando ha terminado me resulta muy difícil recordar las imágenes que vi. A veces son las mismas imágenes, otras veces no. Cuando aparecen, recuerdo: «Son las mismas que vi antes», pero, cuando han terminado, es casi imposible recordar cuáles eran. No parecen acontecimientos particularmente significativos de mi vida. En realidad ninguno de ellos lo es. Son muy triviales. No se producen en orden, ni siquiera en el orden en que aparecieron en mi vida. Vienen al azar.

Cuando llegan las imágenes, puedo ver lo que está ocurriendo a mi alrededor, pero mi consciencia ha disminuido. Es casi como si la mitad de mi mente estuviera ocupada en esas imágenes y la otra mitad prestara atención a lo que estoy haciendo. Quienes me han visto durante un ataque dicen que dura un minuto, pero a mí me parecen siglos.

Existen ciertas similitudes obvias entre estos ataques, ocasionados sin duda por un foco de irritación en el cerebro, y la memoria panorámica de que habló alguno de mis entrevistados. Por ejemplo, el ataque de ese hombre toma la forma de imágenes visuales increíblemente vividas y en

tres dimensiones. Además, las imágenes parecen venirle, independiente-
mente de cualquier intención por su parte. También alega que se producen
con gran rapidez y pone de relieve la distorsión de sus sentidos del tiempo
durante la experiencia.

Por otra parte, hay notables diferencias. En oposición a la visión panorámica producida en las experiencias cercanas a la muerte, las imágenes
no le vienen en el orden que tuvieron en la vida y no son vistas enseguida,
en una visión unificadora. No se refieren a acontecimientos significativos
de su vida; por el contrario, ponen de relieve su trivialidad. Por tanto, no
parecen tener un motivo de juicio o educacional. Mientras que muchos
de los sujetos que han tenido experiencias de muerte señalan que tras
la «revisión» pueden recordar los acontecimientos de su vida con mayor
claridad y detalle que antes, el paciente de neurología alega no recordar
las imágenes particulares que siguieron al ataque.

Las experiencias externas al cuerpo tienen un análogo neurológico en
las llamadas «alucinaciones autoscópicas», materia de un excelente artículo
del doctor N. Lukianowicz publicado hace tiempo en la revista médica
Archives of Neurology and Psychiatry. En esas extrañas visiones el sujeto ve
una proyección de sí mismo en su propio campo visual. El extraño «doble»
imita las expresiones faciales y movimientos corporales de su original, que
se encuentra totalmente confundido cuando ve una imagen de sí mismo
a distancia, generalmente enfrente de él.

Aunque la experiencia es algo similar a las externas al cuerpo ya descritas, las diferencias superan con mucho las similitudes. El fantasma autoscópico siempre se percibe como vivo —a veces el sujeto piensa que incluso está más vivo y consciente que él—, mientras que en las experiencias
externas al cuerpo este es visto como si no tuviera vida, como si fuera un
cascarón. El sujeto autoscópico puede «oír» a su doble hablándole, dán-
dole instrucciones, burlándose de él, etc., mientras que en las experiencias
externas el cuerpo todo él es visto —a no ser que esté parcialmente cubierto
u oculto de otra manera—; frecuentemente, el doble autoscópico solo es
visto desde el pecho o el cuello,

De hecho, las copias autoscópicas tienen mucho más en común con lo
que he llamado cuerpo espiritual que con el cuerpo físico que es visto por

una persona moribunda. Los dobles autoscópicos, aunque a veces son vistos en color, son descritos con más frecuencia como tenues, transparentes y sin color. El sujeto puede ver cómo su imagen pasa a través de puertas o de otros obstáculos físicos sin problema aparente.

Presento aquí un relato de una alucinación autoscópica que me fue descrita. Es una experiencia única por cuanto implica simultáneamente a dos personas.

A las once de la noche de un verano, dos años antes de que mi esposa y yo nos casáramos, la llevaba a su casa en un deportivo convertible. Aparqué en la calle débilmente iluminada que había frente a su casa. Ambos quedamos sorprendidos cuando miramos hacia arriba al mismo tiempo y vimos unas imágenes de nosotros mismos, de la cintura para arriba y sentadas una al lado de la otra, en los grandes árboles que había en la calle a unos cien pies frente a nosotros. Las imágenes eran oscuras, casi como siluetas, y no podíamos ver a través de ellas, pero de todas formas eran réplicas exactas. Ninguno de los dos tuvimos problema para reconocerlas enseguida. Se movían, pero no imitando nuestros movimientos, pues estábamos sentados mirándolas. Hacían cosas como esta: mi imagen cogía un libro y enseñaba algo que había en él a la imagen de mi esposa, y ella se inclinaba y miraba atentamente el libro.

Mientras estábamos sentados allí contaba a mi esposa lo que veía que estaban haciendo las imágenes, y cuanto decía era exactamente lo que ella veía. Luego cambiamos. Ella me decía lo que estaba viendo y coincidía exactamente con lo que veía yo.

Estuvimos mucho rato sentados, por lo menos treinta minutos, mirando y hablando de lo que veíamos. Creo que hubiéramos podido pasar así el resto de la noche. No obstante, mi esposa tenía que ir a su casa y subimos juntos por las escaleras de la colina que conducían al portal. Cuando bajé, volví a ver las imágenes, que siguieron allí mientras me marchaba.

No hay ninguna posibilidad de que fuera cualquier tipo de reflejo sobre el parabrisas, pues había retirado la parte superior del coche y

todo el tiempo mirábamos por encima. Ninguno de los dos habíamos bebido, y todo ocurrió tres años antes de que oyéramos hablar
del LSD o drogas parecidas. Tampoco nos encontrábamos cansa-
dos, aunque era algo tarde, por lo que no estábamos dormidos y
soñando. Nos encontrábamos bien despiertos, alerta y sorprendidos
cuando estábamos viendo las imágenes y hablábamos de ellas entre
nosotros.

Concedamos que las alucinaciones autoscópicas son en cierta manera
como los fenómenos externos al cuerpo asociados con una experiencia cercana a la muerte. Sin embargo, aunque nos remitiéramos solo a los puntos
de similitud y despreciáramos las diferencias, la existencia de alucinaciones
autoscópicas no nos daría una explicación de la ocurrencia de experiencias
externas al cuerpo, por la razón de que tampoco hay una explicación para
la existencia de las alucinaciones autoscópicas. Varios neurólogos y psiquiatras han propuesto muchas explicaciones contradictorias, pero el debate
continúa y ninguna teoría ha ganado la aceptación general. Por tanto, tratar
de explicar las experiencias externas al cuerpo como alucinaciones autoscópicas sería sustituir una situación sorprendente por un enigma.

Queda finalmente otro punto relevante en relación con las explicaciones
neurológicas de las experiencias cercanas a la muerte. En un caso, encontré
un sujeto con un problema neurológico residual derivado de un encuentro
con la muerte. El problema era una parálisis parcial de un pequeño grupo
de músculos de un lado del cuerpo. Aunque a menudo me pregunté si se
trataba de un déficit residual, ha sido el único caso que he encontrado de
daño neurológico posterior a un encuentro próximo con la muerte.

Explicaciones psicológicas

La psicología no ha alcanzado todavía el grado de rigor y precisión que tienen otras ciencias hoy en día. Los psicólogos siguen divididos en escuelas
de pensamiento con puntos de vista, aproximaciones a la investigación y
entendimientos fundamentales conflictivos sobre la existencia y naturaleza

de la muerte. Las explicaciones psicológicas de estas experiencias variarán ampliamente de acuerdo con la escuela de pensamiento a que pertenezca el psicólogo o psiquiatra. En lugar de considerar cada uno de los tipos de explicación psicológica que podrían proponerse, me ceñiré a las que he escuchado con más frecuencia en las conferencias, y sobre todo a una que, en cierta manera, me parece la más tentadora.

Ya me referí antes a los dos tipos de explicaciones más comúnmente propuestos: aquellos en los que se da la hipótesis de que, o bien el consciente miente, o el inconsciente embellece. En este capítulo quiero considerar otros dos.

1. Investigación de la aislación

En ninguna de las conferencias públicas que he presentado sobre mis estudios se ha adelantado una explicación de esas experiencias en términos de resultados de experiencias de aislación. Sin embargo, es precisamente en este área de relativamente reciente y rápido crecimiento de la ciencia del comportamiento en donde los fenómenos más cercanos a los estadios de la experiencia de la muerte han sido estudiados y producidos en condiciones de laboratorio.

La investigación del aislamiento es el estudio de lo que le ocurre a la mente y al cuerpo de una persona cuando es aislada en una u otra forma; por ejemplo, separándola de todo contacto social con otros seres humanos o siendo sometida a una tarea monótona y repetitiva durante largos periodos.

Los datos sobre experiencias de este tipo se han reunido de diversas maneras. Los relatos escritos de las experiencias de los exploradores polares o de supervivientes solitarios de naufragios contienen mucha información. Durante las últimas décadas los científicos han tratado de investigar fenómenos similares bajo condiciones de laboratorio. Una técnica bien conocida consiste en suspender a un voluntario en un tanque de agua que esté a la misma temperatura que el cuerpo. Así se minimizan las sensaciones de peso y temperatura. Se le vendan los ojos y taponan los oídos para intensificar el efecto del tanque a prueba de oscuridad y sonidos. Le introducen los brazos en tubos para que no pueda moverlos y se sienta privado de muchas de las sensaciones normales de movimiento y posición.

Bajo estas y otras condiciones de soledad, algunos individuos han experimentado inusuales fenómenos psicológicos que conservan semejanzas con los subrayados en el capítulo 2. Una mujer que pasó largos periodos de soledad en las condiciones desoladas del Polo Norte cuenta que tuvo una visión panorámica de los acontecimientos de su vida. Unos marineros náufragos que estuvieron encallados en pequeños botes durante muchas semanas han descrito alucinaciones en las que eran rescatados, a veces por seres paranormales semejantes a fantasmas o espíritus. Ello guarda cierta analogía con el ser luminoso o los espíritus de amigos que se encuentran en los informes de los sujetos que he entrevistado. Otro fenómeno cercano a la muerte que se produce en los relatos de experiencias de aislación incluye: distorsiones del sentido del tiempo, sentimientos de estar parcialmente disociado del cuerpo, resistencia a volver a la civilización o a abandonar la aislación y sensación de estar «unidos« al universo. Además, muchos de los que han estado aislados, a causa de un naufragio o por cualquier otro motivo, dicen que a las varias semanas de verse en esa condición regresaban a la civilización con un profundo cambio de valores. Cuentan que después de la experiencia se sintieron interiormente más seguros. Tal reintegración de la personalidad es semejante a la reivindicada por muchos de los que han regresado de la muerte.

De igual modo, también hay algunos aspectos de las situaciones de muerte semejantes a los rasgos encontrados en las experiencias y estudios de aislación. Los pacientes que están cerca de la muerte frecuentemente se encuentran aislados e inmóviles en las salas de los hospitales, en unas condiciones disminuidas de luz y sonido, y sin visitantes. Cabe preguntarse si los cambios fisiológicos asociados con la muerte del cuerpo pueden producir un tipo radical de aislación de la que resulte una ausencia total de entradas sensoriales al cerebro. Como ya discutimos extensamente antes, algunos de los pacientes que han tenido experiencias próximas a la muerte me contaron que cuando estaban fuera de sus cuerpos tuvieron desagradables sensaciones de aislamiento, de soledad o de verse separados del contacto humano.

Pueden encontrarse casos fronterizos que no sean clasificables como experiencias cercanas a la muerte ni como experiencias de aislación Por ejemplo, un hombre me contó la siguiente historia de su permanencia en un hospital a causa de una grave enfermedad.

> Me encontraba gravemente enfermo en un hospital, y mientras estaba en la cama me llegaban imágenes, como si estuviera frente a una pantalla de televisión. Eran imágenes de personas y podía ver una, a distancia en el espacio, que comenzaba a andar hacia mí, luego desaparecía y en su lugar surgía otra. Era perfectamente consciente de encontrarme en la sala del hospital y enfermo, pero empezaba a preguntarme qué estaba ocurriéndome. Conocía personalmente a algunas de aquellas personas —eran amigos o parientes—, pero a otras no las había visto nunca. Súbitamente me di cuenta de que todas las que conocía ya habían muerto.

No es tan fácil clasificar esta experiencia, pues tiene puntos de contacto tanto con las de aislación como con las de proximidad a la muerte. Es análoga a las últimas en que se han producido encuentros con los espíritus de gente que ha fallecido, pero ningún otro fenómeno tiene en común con las experiencias de muerte. Es interesante el hecho de que en un estudio de aislación un sujeto que se encontraba solo en una cámara durante cierto tiempo tuvo alucinaciones en las que veía imágenes de hombres famosos que flotaban hacia él. ¿Puede clasificarse entonces la experiencia como de proximidad a la muerte a causa de la extrema gravedad del enfermo o como experiencia de aislación producida por las condiciones de confinamiento requeridas por el estado de su salud? Es posible que no exista ningún criterio absoluto que nos permita clasificarla en una de las dos categorías separadas. Quizá será siempre un caso fronterizo.

A pesar de las coincidencias, los resultados de la investigación de la aislación no suministran una explicación satisfactoria de las experiencias próximas a la muerte. En primer lugar, los diversos fenómenos mentales producidos en las condiciones de aislación no pueden, ellos mismos, ser explicados por alguna teoría. Invocar los estudios de aislación para explicar las experiencias próximas a la muerte sería, como en el caso de la «explicación» de las experiencias externas al cuerpo por referencia a las alucinaciones autoscópicas, sustituir un misterio por otro. Hay dos corrientes de pensamiento conflictivas por lo que se refiere a la naturaleza de las visiones que tienen lugar en condiciones de aislación. Algunos no dudan en tomarlas como «irreales» y «alucinatorias», mientras que en toda la historia los místicos han elegido la soledad con el fin de encontrar la iluminación y la revelación. La noción de que el renacimiento espiritual puede producirse mediante aislación forma parte integral de los sistemas de creencias de muchas culturas y es reflejado en diversos grandes textos religiosos, como en la Biblia.

Aunque tal idea sea algo ajena a la estructura de creencias del Occidente contemporáneo, todavía hay muchos que la proponen, incluso en nuestra propia sociedad. Uno de los primeros y más incluyentes investigadores de la aislación, el doctor John Lilly, ha escrito recientemente un libro, una autobiografía espiritual, llamado *The Center of the Ciclone*. En él refiere que considera las experiencias que ha tenido bajo condiciones de aislación como verdaderas experiencias de iluminación e intuición, y no como «irreales» o «engañosas». Es interesante observar que cuenta una experiencia propia próxima a la muerte que es muy semejante a las que he referido, y que coloca su experiencia en la misma categoría que las de aislación. Esta puede ser también, junto con las drogas alucinatorias y la cercanía de la muerte, una de las diferentes maneras de entrar en nuevas esferas de conciencia.

2. Sueños, alucinaciones y engaños

Quizá, dirán algunos, las experiencias cercanas a la muerte son solo sueños de cumplimientos de deseos, fantasías o alucinaciones puestos en juego por diversos factores: drogas en un caso, anoxia cerebral en otro, aislación, etc. Así se explicarían como engaños.

Pienso que varios factores se oponen a ello. En primer lugar, la consideración de la gran similitud en contenido y progresión que encontramos entre las descripciones, a pesar de que los elementos más generalmente informados no coinciden con lo que cabría esperar de las posibilidades imaginativas de nuestro medio cultural con respecto a la muerte. Añadamos a ello que el cuadro de acontecimientos que rodean a la muerte en estos relatos se corresponde notablemente con el que es pintado en muy antiguos escritos esotéricos totalmente ajenos a mis sujetos.

En segundo lugar, las personas con quienes he hablado no son víctimas de psicosis. Son gente normal y emocionalmente estable, con buena adaptación social. Tienen trabajos y posiciones de importancia y los desarrollan con responsabilidad. Sus matrimonios son estables y están adaptados a sus familiares y amigos. Casi ninguno de ellos ha tenido más de una experiencia extraordinaria en su vida y, lo que es más importante, pueden distinguir entre los sueños y las experiencias que tienen despiertos.

Lo que les ocurrió cuando estuvieron cerca de la muerte no lo informan como algo soñado, sino como acontecimientos que les han ocurrido. Casi invariablemente, en el curso de las entrevistas me aseguraron que sus experiencias no habían sido sueños, sino episodios definidos y reales.

Finalmente, nos encontramos con el hecho de que existe una corroboración independiente para alguno de los episodios externos al cuerpo. Aunque lo compromisos contraídos me impiden dar nombres y detalles, he visto y oído lo suficiente para decir que continuo sorprendiéndome. Opino que cualquiera que busque experiencias cercanas a la muerte de una manera organizada descubrirá probablemente tan extraña corroboración. Al menos descubrirá hechos suficientes para preguntarse si esas experiencias, lejos de ser sueños, no pertenecerán a una categoría diferente.

Como nota final, permítaseme señalar que las «explicaciones» no son abstractos sistemas intelectuales. En algunos aspectos son proyecciones de los egos de las personas que las sostienen. Los individuos se mantienen emocionalmente unidos a los cánones de las explicaciones científicas que idean o adoptan.

En las numerosas conferencias que he dado sobre el tema me han propuesto muchos tipos de explicaciones. Las personas fisiológica, farmacológica o neurológicamente mentalizadas adoptaban sus propias orientaciones como fuentes obvias de explicación, incluso en los casos que parecían estar en contra de ese tipo de explicación. Los seguidores de las teorías de Freud se complacían en ver en el ser luminoso una proyección del padre del sujeto, mientras que los jungianos veían arquetipos del inconsciente colectivo, y así *ad infinitum.*

Aunque quiero poner de relieve de nuevo que no trato de proponer nuevas explicaciones de mi propia cosecha, he tratado de dar algunas de las razones por las que me parecen cuestionables las explicaciones que con frecuencia me han propuesto. De hecho, lo único que quiero sugerir es lo siguiente: al menos dejamos abierta la posibilidad de que las experiencias próximas a la muerte representan un nuevo fenómeno para el que hemos de idear nuevos modos de explicaciones e interpretaciones.

6

Impresiones

A L escribir este libro he sido consciente de que mis propósitos y perspectivas podían ser fácilmente mal interpretados. En particular me
gustaría decir a los lectores científicamente mentalizados que soy consciente de que lo que he hecho aquí no es un estudio científico. A mis compañeros filósofos les insisto en que no me engaño pensando que he «probado»
que hay vida después de la muerte. Tratar con esas materias implicaría la
discusión de detalles técnicos que están más allá del objetivo de este libro,
por lo que me limitaré a unas breves observaciones.

En los estudios especializados, como lógica, leyes y ciencia, las palabras «conclusión», «evidencia» y «prueba» son términos técnicos con unos
significados más sofisticados que en el uso común. Incluso en la lengua
de cada día se utilizan de muchos modos. Una ojeada a cualquiera de las
revistas populares sensacionalistas nos permitirá ver que la historia más
inverosímil se da como «prueba» de una afirmación poco probable.

En lógica, lo que puede y no puede decirse a partir de una serie de
premisas no es un asunto casual, sino que está precisamente definido por
reglas, convenciones y leyes. Cuando alguien dice que ha llegado a determinada «conclusión», está afirmando implícitamente que cualquiera que
parta de las mismas premisas deberá llegar a igual resultado, a menos
que haya cometido un error en el proceso.

Estas observaciones indican el motivo por el cual me niego a sacar «conclusión» alguna, y no intento construir una prueba de la antigua doctrina de
la supervivencia a la muerte corporal. No obstante, sigo pensando que los
informes de las experiencias próximas a la muerte son muy significativos.

Lo que quiero hacer es descubrir un medio de interpretarlas: un medio que ni rechace las experiencias sobre la base de que no constituyen una prueba científica o lógica ni las convierta en algo sensacional apelando a vagas afirmaciones emocionales en el sentido de que «prueban» que hay vida después de la muerte.

Al mismo tiempo, creo que el hecho de que nuestra imposibilidad actual para construir una «prueba» no sea una limitación impuesta por la naturaleza de las mismas experiencias significa que tenemos una puerta abierta. Quizá sea una limitación de los modos aceptados de pensamiento científico y lógico. Puede ser que la perspectiva de los científicos y lógicos del pasado sea diferente. (Debe recordarse que, históricamente, la metodología y lógica no ha sido un sistema estático, sino un proceso dinámico y en crecimiento.)

Por ello, termino no con conclusiones, evidencias o pruebas, sino con algo mucho menos definido: sensaciones, preguntas, analogías y hechos asombrosos que deben ser explicados. Es más apropiado preguntar cómo me ha afectado personalmente el estudio, que cuáles han sido las conclusiones que he extraído de él. Como respuesta solo puedo decir que hay algo muy persuasivo en la forma en que las personas describen su experiencia, y que ese «algo» no puede ser trasladado adecuadamente al texto. Lo sucedido era algo muy real para ellos y, a través de mi asociación con los entrevistados, se ha convertido en algo real para mí.

No dejo por ello de darme cuenta que se trata de una consideración psicológica y no de una lógica. La lógica es una materia pública, pero no ocurre lo mismo con las consideraciones psicológicas. Las mismas circunstancias pueden cambiar y afectar a varias personas en diferentes formas. Es un asunto de disposición y temperamento y no deseo que mi reacción ante este estudio se convierta en una ley para el pensamiento de otro. Podría alegarse que si la interpretación de esas experiencias es en última instancia una materia subjetiva, no está claro el motivo de estudiarlas. La única respuesta que se me ocurre es señalar nuevamente la preocupación universal por la muerte. Creo que cualquier luz que pueda arrojarse sobre su naturaleza es válida.

Los miembros de muchas profesiones y campos académicos necesitan iluminación sobre la materia. La necesitan los médicos, que han de enfrentarse a los miedos y esperanzas del paciente moribundo, y los sacerdotes, que han de ayudar a los otros a enfrentarse a la muerte. También la necesitan los psicólogos y psiquiatras, pues para construir un método funcional y digno de confianza para la terapia de los disturbios emocionales necesitan saber lo que es la mente y si puede existir fuera del cuerpo. Si no puede, el énfasis de la terapia fisiológica derivaría en última instancia hacia los métodos físicos: drogas, *electroshock,* cirugía cerebral, etc. Por otra parte, si hay indicaciones de que la mente pueda existir separada del cuerpo y que tiene entidad propia, la terapia de los órdenes mentales deberá ser muy diferente.

Sin embargo, las cuestiones implicadas no son solo académicas y profesionales. Penetran en cuestiones personales profundas, pues lo que aprendemos sobre la muerte puede producir importantes diferencias en la manera en que actuamos en nuestras vidas. Si las experiencias del tipo que he discutido son reales, entonces tienen profundas implicaciones en lo que cada uno de nosotros hacemos en nuestras vidas. En ese caso sería cierto que no podemos comprender plenamente esta vida hasta que sepamos algo de lo que hay más allá.

Bibliografía recomendada

Evans-Wentz, W.Y. (ed.), *The Tibetan Book of the Dead*, Oxford University Press, Nueva York, 1957. (Edición española: *El libro tibetano de los muertos*, Edaf, Madrid, 2009).

Hamilton, Edith, y Cairns, Huntington (eds.), *The Collected Dialogues of Plato*, Bollingen Foundation, Nueva York, 1961.

Lilly, John C., doctor en Medicina, *The Center of the Cyclone*, The Julian Press, Nueva York, 1972.

Lukianowicz, N., «Autoscopic Hallucinations», *Archives of Neurology and Psichiatry* (agosto 1958).

Platón, *The Last Days of Socrates*, traducción de Hugh Tradennick, Penguin Books, Baltimore, 1959.

Platón, *Diálogos*, Edaf, Madrid, 2013.

Platón, *La República*, Edaf, Madrid, 2012.

Stevenson, Ian, doctor en Medicina, *Twenty Cases Suggestive of Reincarnation*, University Press of Virginia, Charlottesville, 1974.

Swedenborg, Emanuel, *Compendiun of the Theological and Spiritual Writings of Emanuel Swedenborg*, Crosby and Nichols, Boston, 1853.

Weil, Andrew, doctor en Medicina, *The Natural Mind*, Haughtan Mifflin, Bastan. 1973.

RAYMOND A. MOODY, JR.

REFLEXIONES SOBRE
VIDA DESPUÉS DE LA VIDA

www.edaf.net

MADRID - MÉXICO - BUENOS AIRES - SAN JUAN - SANTIAGO
2013

Índice

*Con amor
para Elizabeth,
que nos ha ayudado a ver el camino,
y para Vi, Andy y Dannion,
tres que «volvieron»*

«Abraham le dijo:"Tienen a Moisés
y a los profetas, que les presten oídos".
Y él respondió:"No, padre Abraham; pero si
alguien volviera a ellos de entre los muertos,
se arrepentirían". Mas Abraham le dijo:"Si no
escuchan ni a Moisés ni a los profetas, tampoco
les convencerá alguien que se levante de entre los muertos".»

Lucas, 16: 29-31

«Es raro, ¿no?, que de las miríadas de los que
Antes que nosotros traspasaron el umbral de las tinieblas
No vuelva ninguno a describirnos el camino
Que, para poder descubrir, debemos recorrer también nosotros.»

Rubáiyát, de Omar khayyám

Reconocimientos

Este libro ha estado en preparación durante mucho tiempo, y en ese periodo numerosas personas e instituciones me ayudaron a concebirlo y planearlo. Me gustaría dar las gracias en primer lugar a los cientos y cientos de personas que me contaron o escribieron sus experiencias espirituales en el momento de enfrentarse a una muerte inminente. También me han servido de gran ayuda los comentarios, preguntas, sugerencias y referencias a otros escritos sobre el mismo tema, que tanta gente se ha molestado en enviarme.

La doctora Elisabeth Kübler-Ross, como ya he dicho en mi obra *Vida después de la vida*, me animó continuamente a continuar la tarea de discutir sus encuentros con la muerte con las personas que los han experimentado. El doctor Ian Stevenson me ayudó también, revisando y comentando la sección sobre Metodología. El doctor George Ritchie leyó el manuscrito y formuló valiosas observaciones, aun en unos momentos en que estaba muy ocupado, no solo en el ejercicio de su profesión, sino también en la tarea de escribir un libro sobre su propia experiencia. El doctor Beverly Belk recurrió a sus numerosos conocimientos prácticos y perspicacia clínica para formular varias sugerencias de gran interés sobre cómo deberían llevarse a cabo los estudios de este tipo. John Audette pasó horas y horas en las bibliotecas buscando escritos sobre este tema y preparando una bibliografía.

Doy sobre todo las gracias a John Eagle, de Mockingbird Books, por ayudarme de tantas formas que resultaría imposible reseñarlas. Finalmente, deseo expresar mi agradecimiento a mi esposa Louise y a mis dos hijos por todo lo que han hecho para posibilitar la existencia de esta obra.

Introducción

EL presente volumen, que se ha concebido para leerse en conjunción con mi anterior libro, *Vida después de la vida*, representa un tratamiento más extenso de varios de los conceptos discutidos en el mismo y la adición de algunos otros.

Desde la publicación de *Vida después de la vida* he tenido ocasión de entrevistar a otras muchas personas que han pasado por experiencias de casi muerte. De hecho, estoy descubriendo ahora tan rápidamente nuevos casos de este fenómeno, que ya no llevo la cuenta del número exacto. Como en mi anterior estudio, a algunas de estas personas se las declaró clínicamente muertas, mientras que otras solo llegaron a estar muy cerca de la muerte, en el curso de un herida o accidente graves. En la gran masa de materiales obtenidos, han seguido apareciendo una y otra vez los quince elementos comunes de que se ha hablado en *Vida después de la vida*. Además de ellos, he encontrado algunas nuevas e inusuales experiencias que parecen ampliar la lista de elementos.

Durante años yo me había preguntado por qué, si estas experiencias *eran* tan corrientes como a mí me fue posible ver, no había también otras personas recopilando informes sobre las mismas. Tenía la sensación de que cuando daba cuenta de mis investigaciones podía pensarse que me lo estaba inventando todo. De hecho, hasta me acometió el pensamiento de que tal vez este no fuera un fenómeno muy extendido, de que quizá, por una increíble concatenación de coincidencias, yo me hubiera tropezado con los únicos casos de esta experiencia que había o que pudiera nunca haber. Era este un pensamiento que me asustaba, ya que al escribir *Vida después de la vida* me estaba jugando mucho a la carta de mi fe en una especie de respetabilidad; es decir, en la confianza de que cualquier investigador que trabajase con interés y diligencia podría encontrar también un amplio número de casos.

De manera harto interesante, muchos acontecimientos recientes han hecho que se disipe gran parte de mi inquietud al respecto. He sabido que varios médicos más —y en lugar destacado la doctora Elisabeth Kübler-Ross— llevan tiempo dedicándose a investigar lo mismo y obteniendo resultados idénticos a los míos. De hecho, cuando la doctora Kübler-Ross recibió las pruebas de imprenta previas a la publicación de mi primer libro, escribió a mi editor diciéndole que ella podría haber escrito el mismo manuscrito sobre la base de lo que llevaba haciendo. Afirma que tiene para ahora cientos de informes de esta especie y que está en curso de preparación de un importante libro sobre la materia. Numerosos médicos y sacerdotes me han dicho también que llevaban bastante tiempo percibiendo casos aislados de este fenómeno y que tenían la impresión de que debía tratarse de algo bastante frecuente.

Cuando anteriormente yo daba charlas sobre este tema, personas que habían experimentado fenómenos de casi muerte, solo en privado y después de acabada la conferencia se dirigían a mí. Sin embargo, en los últimos meses he observado una nueva apertura y disposición a hablar. Algunas personas relatan ya sus experiencias públicamente, y sin que se les pida, durante los periodos de discusión que siguen a mis charlas. De este modo, muchos otros están teniendo ahora la oportunidad de o ír de primera mano los relatos de aquellos que han estado próximos a la muerte, y de percibir en alguna medida el calor y la sinceridad que yo mismo he encontrado en estos relatos.

Sobre la base de tales acontecimientos y de muchos otros similares, puedo decir ahora con confianza que este fenómeno, cualquiera que sea su significado último, *es* un fenómeno extendido. Tan extendido es, de hecho, que estoy seguro de que muy pronto la cuestión no será la de si tal fenómeno se da, sino qué se va a hacer con respecto al mismo. Uno de los objetivos de *Vida después de la vida* era simplemente presentar este fenómeno y predecir que si otras personas se interesaban por el mismo también ellas podrían encontrar casos, y ahora parece claro que hay muchas otras personas interesadas en estudiar experiencias de casi muerte.

Así pues, como comienzo de este nuevo volumen, permítaseme repetir la formulación de la experiencia modelo, teóricamente completa, que formulé por primera vez en *Vida después de la vida*, que abarca todos los elementos comunes de las experiencias típicas de casi muerte.

Un hombre está muriendo, y en el momento en que alcanza el punto de máximo desfallecimiento físico, oye que su médico lo declara muerto. Comienza a oír un desagradable ruido, un fuerte zumbido o timbre prolongado, y al mismo tiempo siente que se desliza muy rápidamente por un largo túnel. Tras esto, se encuentra de repente fuera de su propio cuerpo material, pero todavía en el entorno físico inmediato, y ve su propio cuerpo desde una cierta distancia, como si fuese un espectador. Observa desde esta desusada atalaya los intentos que se hacen por resucitarle, y se encuentra en un estado de alteración emocional.

Al cabo de un rato se sosiega y empieza a acostumbrarse a su extraña situación. Se da cuenta de que sigue teniendo un «cuerpo», aunque de naturaleza muy distinta y con poderes muy diferentes a los del cuerpo físico que ha dejado atrás. En seguida empiezan a ocurrir otras cosas. Otros vienen a recibirle y a ayudarle. Ve los espíritus de parientes y amigos que ya habían muerto, y aparece ante él una especie de espíritu amoroso y cordial —un ser luminoso— que nunca había visto antes. Este ser, sin utilizar el lenguaje verbal, le hace una pregunta, para hacerle así evaluar su vida, y le ayuda a ello mostrándole una panorámica instantánea y retrospectiva de los acontecimientos más importantes de la misma. En un determinado momento se encuentra aproximándose a una especie de barrera o frontera que parece representar el límite entre la vida terrena y la siguiente. Ve, sin embargo, que debe regresar a la tierra, que el momento de su muerte no ha llegado todavía. Se resiste, pues, para entonces, le han cautivado ya sus experiencias en la vida ultraterrena y no quiere regresar. Está inundado de intensos sentimientos de alegría, amor y paz. A pesar de su actitud, se reúne finalmente con su cuerpo físico y vive.

Posteriormente trata de contar estas cosas a otras personas, pero le resulta difícil hacerlo. En primer lugar, no encuentra palabras humanas que sirvan para describir estos episodios sobrenaturales. Tropieza también con que los otros se burlan de él, por lo que desiste de hablarles de ello. Pero la experiencia por la que ha pasado afecta profundamente a su existencia, sobre todo a sus ideas sobre la muerte y la relación de esta con la vida.

I

Nuevos elementos

A lo largo del estudio del gran número de relatos de casi muerte que he recopilado desde que acabé *Vida después de la vida*, he encontrado varios elementos nuevos que no se incluían en dicha obra. Cada uno de los elementos que trataré en este capítulo me han sido mencionado por más de una persona, pero están lejos de ser tan corrientes como los quince originarios. Con excepción de los «rescates sobrenaturales», todos estos inusuales elementos se han dado exclusivamente en los relatos de sujetos que tuvieron encuentros de casi muerte de extrema duración.

La visión del conocimiento

Varias personas me han contado que durante sus encuentros con la «muerte» tuvieron fugaces visiones de un ámbito de existencia enteramente aparte en el que todo conocimiento —ya fuera del pasado, del presente o del futuro— parecía coexistir en una especie de estado intemporal. En otras versiones esto se me ha descrito como un momento de iluminación en el cual el sujeto parecía tener conocimiento de todas las cosas. Al tratar de hablar acerca de este aspecto de su experiencia, todos han comentado que dicha experiencia era en último término imposible de expresar. Todos coincidían también en que esa sensación de completo conocimiento no persistió después de su regreso; en que no trajeron consigo ninguna suerte de omnisciencia. Estaban todos de acuerdo en que esta visión no les quitó las ganas de intentar aprender en esta vida, sino que, por el contrario, les alentó a ello.

La experiencia ha sido comparada, en varios de los relatos, a un fogonazo de percepción universal, a instituciones de enseñanza superior a una «escuela» y a una «biblioteca». Todos hacen hincapié, sin embargo, en que las palabras que están utilizando para describir esta experiencia son solo, en el mejor de los casos, pálidos reflejos de la realidad que tratan de expresar. Por mi parte, yo tengo la impresión de que tal vez haya un estado de consciencia subyacente en la raíz profunda de todos estos relatos.

Una mujer que había «muerto» me proporcionó el siguiente informe en el curso de una prolongada entrevista.

Mencionó usted antes que parecía como si hubiese tenido «una visión de conocimiento», si es que se la puede llamar así ¿Me podría hablar de ello?

Eso parece que ocurrió después de ver pasar mi vida ante mí. Era como si de repente tuviese conocimiento de todas las cosas, de todo lo que había comenzado desde el principio de los tiempos, de todo lo que seguiría durante toda la eternidad; durante un segundo me pareció conocer todos los secretos de todas las edades, todo el significado del universo, de las estrellas, de la luna..., de todo. Pero tras mi decisión de regresar, estos conocimientos se desvanecieron, y no recuerdo nada de ellos. Parece ser que cuando tomé esa decisión se me dijo que no retendría nada de ese conocimiento. Pero mis hijos me seguían pidiendo que regresara...

Este todopoderoso conocimiento se abrió ante mí. Me decían, al parecer, que iba a seguir enferma durante bastante tiempo y que estaría en peligro de muerte otras veces; y, ciertamente, lo estuve en, varias ocasiones posteriormente. Me dijeron que parte de esto sería para que se borrase ese todopoderoso conocimiento que había recogido..., que se me había otorgado el conocimiento de los secretos universales y que tendría que transcurrir algún tiempo para que olvidase ese conocimiento. Pero sí conservo el recuerdo de que una vez lo supe todo, de que eso ocurrió, pero que no era un don que conservaría si regresaba. Mas yo opté por regresar junto a mis hijos... El recuerdo de todas esas cosas que ocurrieron se ha conservado muy nítido, todo excepto aquel fugaz momento de conocimiento. Y también aquella sensación que tenía de conocerlo todo desapareció cuando retorné a mi cuerpo.

¡Parece una tontería! Sí, suena a tontería cuando lo dice una en voz alta..., o así me suena a mí, porque hasta ahora nunca había sido capaz de sentarme a hablarle a nadie de ello.

No sé cómo explicarlo, pero yo sabía, conocía... Como dice la Biblia, «Todas las cosas os serán reveladas». Durante un minuto no hubo pregunta que no tuviese respuesta. Cuánto tiempo tuve este conocimiento, eso no podría decirlo. En todo caso no se trató de tiempo terrenal.

¿Bajo qué forma le pareció a usted que se le presentaba este conocimiento? ¿Era en palabras o en imágenes?

Bajo todas las formas de comunicación, imágenes, sonidos, pensamientos... Era todas las cosas y cualquiera de ellas; como si no hubiese nada que no fuese conocido. Todo conocimiento estaba allí, no ya un solo campo del mismo, sino todas las cosas.

Me pregunto una cosa. Yo he dedicado gran parte de mi vida a la búsqueda de conocimiento, a aprender. Si lo que usted me cuenta ocurre, ¿no es como si ese tipo de esfuerzo careciese de sentido?

¡No! Uno sigue queriendo buscar el conocimiento incluso después de regresar aquí. Yo continúo tratando de encontrarlo... No es una tontería tratar de hallar las respuestas en este mundo. Yo tenía en cierto modo la sensación de que eso constituía en parte la finalidad de nuestra peripecia personal, pero que ese conocimiento no era solo para una persona, sino para que se beneficiase de él toda la humanidad. Estamos siempre tendiendo la mano para ayudar a los demás con lo que sabemos.

Hay una consideración que quisiera hacer acerca de este relato al llegar a este punto del mismo. Esta mujer tenía claramente la impresión de que parte de la finalidad de su lenta y larga recuperación fue hacerle olvidar casi todo el conocimiento que le había sido revelado. Esto sugiere la existencia de algún mecanismo que opere teniendo por función bloquear el conocimiento adquirido durante este estado de existencia, para que el sujeto no pueda llevárselo consigo al volver al estado de existencia física.

Me impresiona la semejanza existente entre esta idea y la que expresa Platón —de forma evidentemente metafórica y poética— cuando relata la historia de Er, un guerrero a quien se había dado por muerto y que volvió a la vida cuando estaba ya sobre la pira funeraria. Er había visto muchas cosas en la otra vida, pero se le dijo que debía retornar a la vida física para contar a los demás cómo era la muerte. Inmediatamente antes de emprender el regreso, vio unos espíritus a los que se estaba preparando para nacer a la vida:

> Todos ellos hacían la travesía de la llanura del Olvido, en medio de un terrible y sofocante calor, pues el paraje estaba desnudo de árboles o de cualesquiera otras plantas, y a la caída de la tarde acamparon junto al río de la Desmemoria, cuyas aguas ninguna vasija puede contener. A todos ellos se les dijo que bebiesen una cierta cantidad de agua, y todos aquellos a los que su buen juicio no salvó, bebieron más de la cantidad indicada; y cada uno de estos últimos, en el instante en que bebió, olvidó todas las cosas. Y tras caer dormidos, y en mitad de la noche, se oyó el fragor de un trueno, y la tierra tembló, y se vieron súbitamente arrebatados por los aires, unos en una dirección, otros en otra, como estrellas fugaces, hacia los lugares donde habían de nacer. En cuanto a Er, según él mismo contó, no se le permitió que bebiese de aquel agua, añadiendo que, no obstante, no sabría decir cómo y por cuál camino regresó a su cuerpo, sino solo que, recobrando súbitamente la vista, se encontró tendido, al alba, sobre la pira funeraria[1].

---

[1] Platón, *La República o el Estado,* Ed. EDAF, Madrid, 2012.

El tema central que se nos presenta aquí, que antes de regresar a la vida tiene que tener lugar un cierto proceso de «olvido» del conocimiento que se tiene en el estado de eternidad, es semejante en ambos casos.

En el curso de otra entrevista, un joven me contó lo siguiente:

En ese momento yo estaba en una escuela o universidad..., y era algo real. No eran imaginaciones mías. Si no estuviese absolutamente seguro, diría: «Bueno, existe la posibilidad de que hubiera estado en ese lugar». Pero *era* algo real. Era como una escuela; no había en ella nadie, y, sin embargo, había mucha gente; pues si uno miraba a su alrededor, no *vera* nada..., pero si prestaba atención, sentía, notaba la presencia de otros seres alrededor... Era como si me llegasen lecciones y tuviese la certeza de que seguirían llegándome...

Es interesante. Otra persona me ha contado que entró en lo que él llamó «biblioteca» e «instituciones de enseñanza superior». ¿Es algo así lo que está usted tratando de decirme?

¡Exacto! Ve usted, al oír lo que me dice que esa persona le contó sobre ello, tengo la impresión de saber exactamente lo que su interlocutor quería decirle, de saber que ha pasado exactamente por lo mismo que yo. Y, sin embargo, las palabras que yo usaría son distintas, porque realmente no hay palabras para ello. No es posible describirlo. No se puede comparar con nada de este mundo. Los términos que uso están muy lejos de lo que quiero describir por medio de ellos..., pero es todo cuanto puedo hacer; porque se trata de un lugar donde *el lugar* en sí es conocimiento. En él se tienen a plena disposición el conocimiento y la información, la totalidad del conocimiento... Se absorbe conocimiento... Súbitamente conoce uno las respuestas a todos los interrogantes... Es como si uno enfocase mentalmente un objetivo fotográfico hacia un punto determinado, y el conocimiento, como en un efecto de «zoom», empezase a fluir desde ese sitio hacia uno, automáticamente». Es como si uno hubiese seguido una docena de cursos de lectura rápida.

Y sé al pie de la letra de qué está hablando este hombre que dice usted, pero ya ve, yo estoy expresando el mismo tipo de consciencia con mis propias palabras, que son diferentes...

Yo continúo buscando el conocimiento: «Buscad y encontraréis», Uno puede encontrar por sí mismo el conocimiento, Pero yo *rezo* para que se me conceda tener buen juicio, buen juicio por encima de cualquier otra cosa...

Una señora de mediana edad lo describió de esta manera:

Hubo un momento en esto —bueno, es que no hay manera de describirlo— que fue como si yo supiese todas las cosas... Durante un momento, allí, fue como si la comunicación no resultase necesaria. Tenía la certeza de que cualquier cosa que quisiera saber, podría saberla.

Ciudades de luz

En *Vida después de la vida* manifesté que no había encontrado ningún caso en el que se describiese un «cielo», por lo menos en cuanto que se ajustase a una imagen más o menos convencional de tal lugar. He hablado después, sin embargo, con numerosos individuos que coinciden notablemente en contarme que tuvieron una fugaz visión de otros ámbitos de existencia que podrían ser calificados de «celestiales», Me parece interesante que en varios de estos relatos aparezca la misma frase: «Una ciudad de luz», En este y en otros aspectos, las imágenes con que se describen todas estas escenas parecen reminiscencias de las de la Biblia. Un hombre de edad media que había sufrido un paro cardiaco me contó lo siguiente:

Sufrí un fallo cardiaco y estuve clínicamente muerto... Lo recuerdo todo con absoluta claridad... De repente me sentí paralizado. Comencé a oír los sonidos como algo distantes... Estuve en todo momento perfectamente consciente de cuanto estaba ocurriendo.

Escuché cómo se paraba el monitor del corazón. Vi cómo la enfermera entraba en la habitación, llamaba por teléfono, y también cómo entraban los médicos, las enfermeras y los ayudantes.

Cuando las cosas comenzaron a desvanecerse, se produjo un sonido que me resulta imposible describir; era como el batir de un tambor, muy rápido, un ruido arrollador, como el de un torrente al pasar por una garganta. Me incorporé y me encontré alzado unos cuantos centímetros mirando mi propio cuerpo. Allí estaba, con gente que me atendía. No sentí ningún miedo. Ningún dolor. Solo paz. Al cabo de probablemente un segundo o dos, me pareció dar la vuelta y elevarme. Estaba oscuro, se le podía calificar de agujero o túnel, y había aquella luz brillante. Se hizo cada *vez* más y más brillante. Y me pareció *atravesarla.*

De repente, me encontré en otro lugar. Había una luz como dorada en todas partes. Hermosa. Pero no pude hallar la fuente en ningún lado. Simplemente me rodeaba, viniendo de todas partes. Se oía música. Me pareció encontrarme en el campo, con arroyos, hierba, árboles y montañas; pero cuando, por decirlo de alguna forma, miré a mi alrededor, vi que no había árboles ni ninguna de las cosas que conocemos. Lo que me resultó más extraño es que hubiese gente. No encarnada en una forma o cuerpo, tal como normalmente la conocemos; simplemente estaban allí.

Había un sentimiento de paz y gozo perfectos; de amor. Era como si yo formase parte de ello. Esa experiencia pudo haber durado toda la noche o solo un segundo... No lo sé.

Y así es como lo describió una mujer:

Se produjo una especie de vibración que me rodeaba; estaba alrededor de todo mi cuerpo. Era como si el cuerpo vibrase, pero no sé de dónde procedía la vibración.

Y, al vibrar, me disocié de mí misma. Entonces pude ver mi propio cuerpo... Me mantuve alejada durante un rato, contemplando a los médicos y a las enfermeras trabajando sobre mi cuerpo, preguntándome qué iba a pasar... Estaba en la cabecera de la cama, mirándoles a ellos y a mi cuerpo, y en un momento determinado una enfermera extendió el brazo para coger la cámara de oxígeno que había en la pared, encima de la cama, y al hacerlo, su brazo pasó *a través* de mi cuello...

Después me encontré flotando; atravesé aquel oscuro túnel... Entré en un túnel negro y salía una luz deslumbrante... Un poco más tarde me encontraba allí con mis abuelos, mi padre y mi hermano, que estaban muertos... Alrededor había la luz más bella y resplandeciente que pueda describirse. Era un lugar muy hermoso, lleno de colores brillantes, no como los de aquí de la tierra, sino sencillamente indescriptibles. Y en aquel lugar había gente, gente feliz... Se hallaban por todas partes, algunos reunidos en grupos; otros estaban aprendiendo...

A lo lejos, en la distancia.... pude ver una ciudad. Había edificios, edificios separados unos de otros. Resplandecientes, brillantes. La gente era feliz allí. Había agua centelleante, fuentes...; supongo que habría que describirla como una ciudad de luz... Era maravillosa. Sonaba una música hermosísima. Todo era resplandeciente, maravilloso... Pero creo que si llego a entrar allí no hubiera vuelto nunca... Se me dijo que si iba allí no podría volver..., que la decisión era mía.

Un anciano me contó:

Estaba sentado en una silla. Comencé a incorporarme y algo me golpeó justo en el pecho... Me apoyé contra la pared. Volví a sentarme, y entonces me golpeó de nuevo, era como si me dieran con un martillo en el pecho... Me hallaba en el hospital... y decían que había sufrido un paro cardiaco. El médico estaba allí.

¿Y qué recuerda de su paro cardiaco?

Bien, es un sitio... verdaderamente hermoso, pero no se puede describir. Y existe realmente. Uno no puede ni imaginárselo. Cuando pasas al otro lado hay un río. Como en la Biblia: «Hay un río...». Su superficie era lisa, como la de un espejo... Sí, se cruza un río. Yo lo hice...

¿Cómo creyó haber cruzado el río?

Andando. Simplemente andando. Pero era tan bonito. Es hermoso. Y no hay forma de describirlo. No hay duda de que aquí tenemos cosas bellas, con todas esas flores y eso; pero no hay comparación. Allí es todo tan tranquilo y apacible. Uno se siente como reposando. No había oscuridad.

Un reino de espíritus desconcertados

Varias personas me han informado de haber entrevisto en algún momento otros seres que parecían «atrapados» en una forma de existencia aparentemente de lo más desdichado. Los que han manifestado haber visto a estos seres confundidos se muestran de acuerdo en diversos puntos. En primer lugar, afirman que estos seres aparecían de hecho incapaces de cortar sus lazos con el mundo físico. Un hombre relató que, aparentemente, los espíritus que había visto «no podían avanzar hacia el otro lado porque su Dios vive todavía en este». Es decir, parecían estar atados a algún objeto, persona o costumbre concretos. En segundo lugar, todos han señalado que esos seres estaban como «apagados», que su consciencia aparentaba ser más limitada que la de los demás. En tercer lugar, afirman que era como si aquellos «espíritus apagados» estuviesen allí solo hasta resolver el problema o dificultad que los mantenía en aquel estado de confusión y perplejidad.

Estas coincidencias salieron en el siguiente fragmento de la entrevista mantenida con una mujer a la que se creyó «muerta» durante unos quince minutos.

Ha mencionado haber visto a esa gente, a espíritus que parecían sumamente confundidos. ¿Podría contarme algo más sobre ellos?

¿Aquella gente aturdida? No sé exactamente dónde los vi... Pero según iba avanzando, encontré una zona apagada en contraste con toda aquella resplandeciente luminosidad. Si se para uno a pensar en ello, las figuras estaban más humanizadas que el resto, pero tampoco tenían una forma totalmente humana como la nuestra.

Se puede decir que era como si llevasen la cabeza agachada; su aspecto era triste, deprimido; parecían ir arrastrando los pies, como en una fila de prisioneros encadenados. No sé por qué lo digo, pues no recuerdo haber visto pies. No sé quiénes eran, pero resultaban como desteñidos, apagados, grises; y parecían estar eternamente arrastrándose y moviéndose de un lado para otro, sin saber siquiera adónde iban, sin saber a quién seguir o qué buscar.

Al pasar yo, ni siquiera levantaron la cabeza para ver qué ocurría. Parecían estar pensando: «Bien, se acabó todo, ¿qué hago? ¿de qué va todo esto?» Solo este comportamiento rotundo, aplastado, desesperanzado, sin saber qué hacer, ni adónde ir, ni quiénes eran, ni nada.

Más que sentados, parecían estar moviéndose continuamente, pero sin rumbo definido. Empezaban a ir recto, luego giraban a la izquierda, daban algunos pasos y giraban de nuevo hacia la derecha. Y no tenían absolutamente nada qué hacer. Creo que buscaba algo, pero desconozco qué.

¿Parecían estar conscientes del mundo físico?

No parecían estar conscientes de nada, ni del mundo físico ni del espiritual. Era como si estuvieran atrapados entre el uno y el otro. En un lugar ni espiritual ni físico, como en un nivel intermedio entre ambos; o al menos eso me pareció. Quizá tengan algún contacto con el mundo físico. Algo tira de ellos hacia abajo, pues todos parecían inclinarse y mirar hacia abajo, puede que al mundo físico..., puede que contemplando algo que no habían hecho o que deberían haber hecho. No podían tomar una decisión sobre qué hacer, ya que todos tenían la expresión más desconsoladora; no había en ellos ningún color de vida.

¿Así pues, parecían desconcertados?

Totalmente desconcertados; sin saber quiénes o qué eran. Parecía como si hubiesen perdido todo conocimiento de quiénes o qué cosa eran; como si careciesen de la más mínima identidad.

¿Diría que se encontraban entre el mundo físico y aquel en que estaba usted?

En mis recuerdos lo que vi fue después de dejar el hospital físico. Como ya he dicho, sentí como si me elevara, y fue en medio, de hecho *antes* de entrar realmente en el túnel, como lo he descrito, y antes de entrar en el mundo espiritual en el que había tanta resplandeciente luz de día; bueno, no exactamente luz de día, sino una luz brillante que lo inundaba todo y que brillaba más que la del día, pero sin herir los ojos como esta, sin deslumbrar. Pero en este sitio concreto reinaba el gris más apagado y tristón. Ahora tengo un amigo ciego para los colores, y le he oído decir que para él el mundo se reduce a los tonos y matices del gris. Pero yo me sentía lleno de color, y aquello era como una película en blanco y negro. Solo los diferentes tonos del gris, sucios y desteñidos.

No repararon en mí. No dieron señal alguna de haber notado que yo estaba allí. Me resultó muy deprimente.

Parecían estar intentando tomar una decisión; miraban hacia atrás; no sabían si seguir adelante o volver a los cuerpos en que estaban alojados. Era como si estuviesen vacilando todo el tiempo; miraban hacia abajo y nunca hacia arriba. No querían avanzar para averiguar lo que les aguardaba; me recordaba también las descripciones de fantasmas que he leído; serían más bien como el tipo de fantasmas a través del cual se puede ver. Parecía haber una enorme cantidad de ellos por todos lados.

Algunas personas que han sido testigos de este fenómeno han observado cómo, al parecer, algunos de esos seres intentaban infructuosamente comunicarse con personas todavía físicamente vivas. Un hombre contó numerosos ejemplos que había observado mientras estuvo «muerto» durante un prolongado periodo de tiempo. Por citar un caso, contó cómo vio a un individuo normal y corriente caminar por la calle, sin darse cuenta de que uno de aquellos espíritus apagados revoloteaba por encima de él. Dijo que tenía la sensación de que, en vida, aquel espíritu había sido la madre del hombre y que, todavía incapaz de renunciar a su papel terrenal, intentaba aconsejar a su hijo sobre lo que debía hacer. Encontramos otro ejemplo en el siguiente fragmento de la entrevista mantenida con una paciente:

¿Pudo ver a alguno de ellos intentando hablar con otras personas físicas?

Sí, sí. Se les podía ver intentando contactar con otros seres, pero nadie se daba cuenta de su presencia; la gente les ignoraba... Querían comunicarse, pero no había forma de romper la barrera. La gente parecía no reparar en absoluto en ellos.

¿Puede contarnos algo de lo que intentaban transmitir?

Uno parecía ser una mujer que intentaba desesperadamente comunicarse con los niños y con una señora anciana de la casa. Me pregunté si no se trataría de la madre de los niños, y puede que de la hija de la anciana de la casa, a los que estaba intentando llegar. Me pareció que quería comunicarse con los niños, pero estos siguieron jugando sin hacerle ningún caso, mientras que la vieja parecía estar yendo y viniendo por la cocina, haciendo su trabajo, y sin darse cuenta de que esta otra persona merodeaba por allí.

¿Había algo concreto que estuviese intentando decirles?

Bueno, era más o menos como si intentase ponerse en contacto con ellos, decirles que hicieran las cosas de modo distinto a como ellos las estaban haciendo, que cambiasen, que variasen de forma de vida. Bien, esto que voy a decir puede parecer inventado, pero intentaba que actuasen correctamente, que cambiasen para no verse en la misma situación que ella. «No hagáis lo que yo, para que no os pase esto. Haced cosas por los demás, para que no os veáis así».

No estoy intentando moralizar ni echar un sermón, pero creo que este era el mensaje que deseaba transmitir... Para decirlo de algún modo, era como si en aquella casa no hubiese ningún amor... Parecía como si estuviera tratando de expiar algo que había hecho... Fue una experiencia que no olvidaré jamás.

Rescates sobrenaturales

En varios de los relatos por mí recopilados, las personas entrevistadas manifiestan haber tenido experiencias de casi muerte en las que se vieron salvadas de la muerte física por mediación de algún agente o ser espiritual. En todos los casos, la persona en cuestión se había encontrado —consciente o inconscientemente— en un accidente potencialmente mortal o en una serie de circunstancias de las que no le era posible escapar por sus propios medios. Puede haberse incluso resignado y preparado para morir. No obstante, al llegar a este punto se había manifestado una voz o una luz que la había rescatado del umbral de la muerte. Las personas que han pasado por esta experiencia informan que a partir de ese momento su vida cambió, que tuvieron la sensación de que se les había rescatado de la muerte para algún fin concreto. Todos han puesto de relieve un reforzamiento de sus creencias religiosas.

Una experiencia de este tipo que ha llegado a hacerse bastante conocida es la que se relata en el libro *A Man Called Peter,* de Catherine Marshall. La autora describe cómo, durante su adolescencia, en Escocia, Peter Marshall se salvó de morir cayéndose en la niebla por un precipicio gracias a una voz que le advirtió por la espalda. Esta experiencia le afectó muchísimo, y se hizo pastor.

Reproduzco a continuación parte de una entrevista en que se narra un «rescate» de este tipo. Un hombre me contó cómo sufrió un accidente industrial en el que se vio atrapado en un gigantesco tanque, donde, bombeado a gran presión, caía un chorro de ácido y vapor a muy elevada temperatura. Recordaba que:

El calor era terrorífico. Grité: «¡Sacadme de aquí! ¡Me estoy quedando atrapado!» Me pegué lo más que pude a un rincón, contra el que apreté la cara, pero el material estaba tan caliente que se quemaba a través de la ropa. En ese momento me di cuenta de que, en cuestión de minutos, me vería escaldado hasta morir.

Supongo que debido a mi debilidad, o a lo que fuera, me resigné. Me dije a mí mismo: «Ya está. Se acabó». No podía ver nada, pues el calor era tan intenso que me era imposible abrir los ojos. Los tuve cerrados todo el tiempo. Mas a pesar de ello pareció que el lugar entero se iluminaba con un gran resplandor. Oí un versículo de las Escrituras que había escuchado durante toda mi vida, pero que nunca significara mucho para mí: «Estoy siempre contigo». Y venía de una dirección que luego resultó ser la única salida posible.

Aunque no podía abrir los ojos, seguía viendo aquella luz, de forma que la seguí. Estoy seguro de que mis ojos se mantuvieron todo el tiempo cerrados. El médico ni siquiera tuvo que ponerme después un tratamiento para ellos. No había entrado nada de ácido...

¿Hizo esto que su vida cambiara en algún sentido?

A mi vuelta al trabajo mis compañeros comentaron lo tranquilo que estuve después de todo lo que había ocurrido. No soy un hombre tan valiente; no tengo tanto coraje. La fuente de mi valor y de la calma que ellos habían apreciado radicaba en el hecho de que me había salvado del peligro una mano invisible. No estaba en mí mismo. La voz que me sacó de allí fue la misma que me inspiró tanto valor.

Sé que fue la mano de Jesús la que descendió y me sacó de allí. Creo que no es una cuestión de pensar, sino de *saber* que fue voluntad de Dios salvar mi vida, y desconozco por qué razón. Por aquel entonces yo no vivía tan próximo a Dios como debería. Esto me ha acercado a Él. Todavía tengo problemas. Sé que un Dios que puede intervenir y salvar a un hombre en un momento crítico puede resolver cualquier cosa. Por tanto, he aprendido a depender de Él.

Cuando oyó la voz, ¿le sonó como si fuera una voz física normal?

No. Era como si sonara magnificada, amplificada. No hay duda de que la oí. No cabe ninguna duda sobre la dirección de donde procedía. De haber venido de mi derecha o de mi izquierda, y la hubiese seguido, habría muerto de inmediato. Salí vivo debido a que ven la de aquella dirección ya que seguí la voz...Yo solo no hubiera conseguido salir de allí nunca. Ya sabía lo que me esperaba.

La voz era una voz de mando, no simplemente de «¿Quieres venir por aquí?» Lo primero que me pasó por la cabeza fue: «Estoy solo aquí abajo y voy a morir». Y cuando oí la voz no tuve la menor duda. Sabía que por mí mismo no podría salir nunca.

¿Cuánto duró todo?

Me pareció que una eternidad. En otras palabras, si se arrastra uno cuarenta o cincuenta pies a través de ácido, sabe que, cada vez que se mueve, es a la mayor velocidad posible. Diría que todo ocurrió en dos o tres minutos después de darme cuenta de que estaba atrapado, pero me pareció una eternidad.

¿Parecía la luz una luz física normal?

No. No se parecía a nada que yo hubiese visto antes. Era lo que se podría ver si mirase directamente al sol. Y el lugar en que me quedé atrapado era muy oscuro. Se trataba de una gran luz resplandeciente y de una voz. No vi ninguna figura ni nada similar. Seguí la luz todo el tiempo.

¿Le hirió la luz en los ojos? ¿Resultaba incómodo mirarla?

No. En absoluto.

¿Le pareció que fuese de algún color concreto?

No. Solo como una deslumbrante luz blanca. Era como el sol; como mirar al sol.

Otro individuo me contó:

> Fue durante la Segunda Guerra Mundial...; yo servía en Infantería, en Europa. Tuve una experiencia que no olvidaré jamás... Vi un avión enemigo descendiendo sobre el edificio en que estábamos y abriendo fuego contra nosotros... El polvo que levantaban las balas avanzaba directamente hacia donde nos hallábamos. Me asusté muchísimo y creí que íbamos a morir todos.
>
> No vi nada, pero sentí junto a mí algo así como una maravillosa y tranquilizante presencia, y una voz suave y amable me dijo: «Estoy contigo, Red. No ha llegado todavía tu hora». Me sentí muy relajado y cómodo ante aquella presencia... Desde aquel día no he experimentado el menor temor a la muerte.

Reproduzco finalmente el relato de una mujer gravemente enferma, debido a una infección. Obsérvese que, en estos ejemplos, la paciente pareció haber recibido instrucciones y ser guiada en su propia resurrección:

> Todos los médicos me habían desahuciado. Decían que me estaba muriendo... Llegó un momento en que sentí cómo la vida se iba de mi cuerpo... Todavía podía oír lo que estaba diciendo todo el mundo, aunque no podía ver nada. Deseé seguir viva para criar a mis hijos y desempeñar un papel en sus vidas...
>
> Fue entonces cuando oí la voz de Dios que me hablaba. Tenía la voz más suave y amorosa... Sé que no estaba fuera de mis cabales, como puede creer alguna gente... Podía escuchar de fondo la voz de las demás personas en la habitación; pero también podía percibir su voz, y era tan majestuosa... Me dijo que si quería seguir viva tenía que respirar..., y lo hice; al inhalar el aire empecé a reanimarme. Entonces me ordenó que respirase suavemente, y pude tomar otra bocanada de aire, y la vida volvió a mi cuerpo...
>
> Los médicos estaban asombrados. Me habían dado todos por incurable, y, por supuesto, no oyeron la misma voz que yo. No podían entender lo ocurrido.

Terminaré este capítulo recordando al lector que estos no son en absoluto relatos corrientes sobre experiencias de casi muerte. No obstante, entre mis casos hay un número apreciable de ellos; y, en el contexto de cada experiencia concreta, todos están relacionados con los elementos de que hablé anteriormente. Por ejemplo, en la primera entrevista citada en «La visión del conocimiento», la paciente también se refería a sentirse fuera de su propio cuerpo, a atravesar un oscuro túnel, a contemplar respectivamente los sucesos de su vida, y a otros muchos de los elementos comunes. Obsérvese cómo en dos de las entrevistas citadas en «Ciudades de luz» aparecen en lugar destacado el paso por un túnel sombrío y el sentirse fuera del propio cuerpo. En todos los casos estas nuevas características, al igual que las anteriormente tratadas, me han sido descritas por gente normal y corriente, que no buscaban estas experiencias, que carecían de un interés o conocimiento previo en estos temas y que, a partir de entonces, no habían albergado la menor duda sobre la realidad de lo que habían visto.

2

Juicio

DISCUTIENDO *Vida después de la vida,* un comentarista escribió:

> La parte que con toda seguridad va a provocar controversias entre
> los grupos religiosos es la que se ocupa de los modelos de otra vida.
> La mayoría de los individuos encuestados no experimentó ninguna
> crisis de premio-castigo, esa noción tradicional de ser examinados
> por una especie de San Pedro antes de ser admitidos en la otra vida[1].

Mucha gente ha planteado lo mismo, y parece por tanto apropiado examinar cualquier elemento en las experiencias de casi muerte que, de acuerdo con la teología de uno, pueda relacionarse con el concepto de juicio.
Una y otra vez, mis pacientes que han estado muy cerca de la muerte me
han descrito una visión panorámica, global, a todo color y tridimensional
de los sucesos de sus vidas. Algunos afirman que durante su visión pasaron revista solo a los acontecimientos más destacados de sus vidas. Otros
llegan a decir que a lo largo de este recorrido pudieron contemplar todas y
cada una de las cosas que hablan hecho o pensado. Aparecieron ante ellos
todas las cosas buenas y malas simultáneamente. Se recordará también que
muchas veces se afirmaba que esta visión panorámica se había producido

---

[1] Frederic A. Brussat, reseña de *Vida después de la vida,* en *Cultural Information Service,*
noviembre de 1976, págs. 16-17.

en presencia de un «ser luminoso», que algunos cristianos identificaban con Jesucristo, y que este ser les formulaba una pregunta, de hecho: «¿Qué has hecho con tu vida?»

Al presionarles para que explicasen con la mayor exactitud posible el tema planteado, la mayor parte de la gente dio una explicación parecida a la del individuo que, en resumidas cuentas, me contestó que se le preguntaba si había hecho las cosas que había hecho *por amor* a los demás, es decir, por una *motivación de amor.* A este respecto cabría señalar que sí se producía una especie de juicio, ya que la gente en ese estado exacerbado de consciencia se sentía extremadamente arrepentida cuando veía alguno de los actos egoístas que había cometido, mientras que, cuando revisaban los hechos en que habían mostrado amor y amabilidad se sentían complacidos.

Es interesante señalar que en los casos por mí estudiados el juicio procedía no del ser luminoso, quien parecía amar y aceptar a aquellas personas en cualquier caso, sino más bien del propio individuo juzgado. Un párrafo relativo al juicio del evangelio de San Mateo resulta a este respecto muy significativo. La versión del rey Jacobo de la Biblia lo traduce del modo siguiente (Mateo, 7: 1-2):

> No juzguéis y no seréis juzgados, pues con el criterio con que juzguéis seréis juzgados, y con la medida con la que midáis seréis medidos.

No obstante, en la *Actual Versión Inglesa del Nuevo Testamento* —también publicada con el título de *Buenas nuevas para el Hombre Moderno*—, se da la siguiente traducción:

> No juzguéis para que Dios no os juzgue, ya que Dios os juzgará del mismo modo en que juzguéis a los demás, y os aplicará las mismas reglas que apliquéis a los otros.

No soy un especialista en la Biblia, por lo que no puedo determinar cuál de estas dos traducciones es la más exacta. No obstante, encuentro sumamente interesante que, simplemente desde el punto de vista de lo que afirman haber experimentado mis pacientes al borde de la muerte, resulte más aplicable la primera de ellas, pues el juicio procedía del interior de ellos mismos. En ese estado parecían entender por sí solos lo que deberían y no deberían haber hecho, y ser capaces de juzgarse correspondientemente a sí mismos.

Reflexionando sobre todo esto, se me ha ocurrido que un tema muy corriente en todas las experiencias de casi muerte es el sentimiento de encontrarse de una forma u otra *al descubierto*. Desde cierto punto de vista, cabe calificar a los seres humanos como criaturas que pasamos gran parte de nuestro tiempo ocultándonos tras distintos tipos de máscaras. Buscamos la seguridad interior a través del dinero o del poder; intentamos sentirnos superiores a otros enorgulleciéndonos de nuestra clase social, de nuestro nivel de educación, del color de nuestra piel, de nuestro dinero, nuestro poder, la belleza de nuestros cuerpos, nuestra identificación con el papel masculino o femenino, etc. Adornamos nuestras cuerpos con ropas; hurtamos nuestros pensamientos más recónditos y algunos de nuestros actos al conocimiento o vista de los demás.

No obstante, en los momentos próximos a la muerte todas estas máscaras desaparecen a la fuerza. De repente, la persona en cuestión se encuentra con todos sus pensamientos y actos representados en una panorámica tridimensional y a todo color. Si se encuentra con otros seres, se da cuenta de que conocen todos sus pensamientos, y viceversa. Se halla con que, en este estado, la comunicación no es a través de palabras, sino que los pensamientos se transmiten directamente, hasta el punto en que, tal como explicó un individuo, «Te sientes también molesto por estar con gente que no piensa como tú».

La belleza del cuerpo físico o el color de la piel no puede ser ya motivo de orgullo. De hecho, la gente deja de tener cuerpos físicos. La única belleza que puede aparecer en este momento no tiene nada que ver con el cuerpo, sino con la que pueda poseer el alma. La identidad sexual desaparece también; en este estado la mayor la de la gente se siente como si careciese de una identidad masculina o femenina específica. De algún modo resulta también natural que en esos momentos finales pasen a primer plano, con gran relieve, dos cualidades que atañen directamente a la mente, es decir, el amor y el conocimiento.

Otra característica digna de mención en esta breve revisión es que aparte de sus actos ven representadas ante ellos las consecuencias de los mismos para los demás. Tal como relató un hombre de la forma más gráfica posible:

> Primero, me encontré fuera de mi propio cuerpo, por encima del edificio, y podía contemplar cómo mi cuerpo yacía allí. Luego fui consciente de que a mi alrededor había luz, solo luz. Entonces hubo como una representación a mi alrededor, y podría decirse que toda mi vida pasó por delante de mí. Me sentí muy avergonzado de un montón de cosas de las que iba experimentando, porque me parecía que yo habla tenido una visión distinta de ellas, que la luz me estaba mostrando lo que era incorrecto lo que había hecho mal. Y era todo absolutamente real.
>
> Parecía como si esta vuelta atrás, recuerdo o lo que fuese estuviese dirigido fundamentalmente a determinar la dimensión de mi vida. Era como si me sometieran a un juicio, y entonces, de repente, la luz se oscureció y se produjo una conversación, no con palabras, sino por medio de pensamientos. Cuando veía algo, cuando recordaba un hecho del pasado, era como si lo viese a través de los ojos de lo que supongo usted calificaría de un conocimiento omnipotente que me guiaba y me ayudaba a ver.
>
> Esa es la parte que se me ha quedado grabada, ya que me mostró no solo cuanto había hecho, *sino las repercusiones de mis actos sobre los demás.* Y no era como si estuviese contemplando una película, ya que podía *sentir* realmente todas aquellas cosas; había sentimiento, y como estaba poseído por aquel conocimiento..., descubrí que no se pierden ni siquiera los pensamientos..., que todos mis pensamientos estaban allí..., los pensamientos de uno no se pierden.

Cabe considerar esta situación como de lo más desagradable y no resulta sorprendente que muchas veces la gente deduzca de este sentimiento la necesidad de cambiar de vida. Véanse los siguientes párrafos extra (dos de entrevistas con dos hombres:

1) No le conté a nadie mi experiencia pero cuando me repuse sentí ese deseo abrumador. ardiente y acuciante de hacer algo por los demás... ¡Me sentía tan avergonzado de todas las cosas que había hecho, o dejado de hacer, a lo largo de mi vida! Sentí que tenía que hacerlo, que no podía esperar más.

2) Cuando me recuperé de aquello, había tomado ya la decisión de que debía cambiar. Me sentía muy arrepentido. No estaba satisfecho con la vida llevada hasta entonces, por lo que deseaba empezar a actuar mejor.

Aunque mucha gente sigue preguntándome si alguna de las personas entrevistadas se ha referido al infierno, lo cierto es que, en el conjunto de materiales por mí recopilados, nadie me ha hablado jamás de ningún estado parecido al infierno arquetípica. No obstante, debo señalar que no he entrevistado nunca a nadie que pudiera calificarse de mala persona. La gente a la que he interrogado han sido siempre personas normales y agradables. Las transgresiones de que eran culpables habían sido menores, de esas que todos hemos cometido alguna vez. No cabe suponer por tanto que se les pudiese condenar a las llamas eternas. No obstante, nada de lo que he descubierto excluye la posibilidad de la existencia del infierno.

A algunas personas parece incomodarles el hecho de que el ser luminoso de que se habla en estas experiencias de casi muerte se muestre tan clemente y piadoso y ame tanto a las personas a pesar de sus numerosos defectos, que tan gráficamente les son revelados en su presencia. Por mi parte, lo único que puedo decir es que amo a mis hijos a pesar de sus faltas y que seguiría queriéndolos hicieran lo que hicieran.

Otros se muestran insatisfechos, pues parecen pensar que estas experiencias no se ajustan a la noción de un Juicio Final cuando se acabe el mundo. Yo no veo ninguna discrepancia aquí. Evidentemente, si alguien hubiese vuelto de la «muerte» contando que se había visto sometido al Juicio Final, su experiencia habría sido errónea. Como el fin del mundo no se ha producido aún, cualquier relato que lo presente como algo relacionado con una experiencia de casi muerte sería de hecho una prueba de la no validez de la misma. Puede haber muy bien un Juicio Final, pues las experiencias de casi muerte no indican en absoluto lo contrario. De hecho, muchas de las personas por mí entrevistadas me han manifestado su creencia de que tendrá lugar. Cabe añadir que lo aceptan basándose solo en la autoridad de las escrituras, y que no lo deducen de nada que aprendiesen o intuyeran durante su estado de casi muerte o muerte aparente.

Las ideas de cielo e infierno, de juicio, de Juicio Final, de fin del mundo y de gracia divina son todos conceptos escatológicos que dan lugar a numerosos debates entre los propios teólogos. Su importancia es tan radical, tan cósmica, que a los humanos nos resulta muy difícil hablar de ellos directamente en un lenguaje meramente humano. De ahí que se les haya descrito muchas veces en términos más pintorescos y figurativos.

Si se efectúa un recorrido por la historia de la pintura en Europa, se verá que el concepto de juicio se representa en distintos momentos mediante el empleo de símbolos tales como un libro de cuentas, un tribunal y una balanza —para pesar las almas—. En su mito de Er Platón se refiere a las «marcas» que llevan las almas que están aguardando su juicio. En el *Libro Tibetano de los Muertos* el mismo concepto se representa por medio del «espejo de Karma». Recuérdese que en todo momento los pacientes que han estado al borde de la muerte insisten en que las palabras que emplean para describir sus experiencias son solo analogías o metáforas a las que se recurre para relatar experiencias que, en último extremo, desbordan las posibilidades del lenguaje humano. Por tanto, no es sorprendente que las palabras empleadas por estas personas en una era tecnológica como la que vivimos procedan de contextos tales como la óptica, como cuando utilizan la expresión «imágenes», o de avances tecnológicos tales como las diapositivas o el cine, y que los simbolismos empleados hoy en día nos recuerden algunas de las innovaciones más sorprendentes de la ciencia de la fotografía o de la tecnología televisiva, el holograma tridimensional o la representación instantánea. Finalmente, una observación relativa a lo que les ocurriría a personas como las que cometieron los crímenes y horrores nazis.

Si lo que me han relatado mis pacientes le ocurre a todo el mundo, cabe imaginar por un momento lo que experimentarían estos individuos durante la revisión de sus vidas; sobre todo si, como afirman algunos, contemplan no solo sus actos injustos y egoístas, sino también las consecuencias de los mismos para los demás. Los que perpetraron las atrocidades nazis parecen haber sido personas con una tan absoluta carencia de amor, que pudieron complacerse en la muerte de millones de inocentes. Esto dio origen además a innumerables tragedias individuales de separaciones entre padres e hijos, entre esposos y entre amigos; provocó incontables muertes dolorosas y prolongadas y otras rápidas y brutales; dio lugar a espantosos procesos de degradación; años de hambre, lágrimas y tormentos para sus víctimas. Si a estos individuos les pasara lo mismo que a mis pacientes, vedan, vívidamente representadas ante ellos, no solo todas estas cosas, sino otras muchas más. Aun en mis más monstruosas fantasías me siento totalmente incapaz de imaginarme un infierno más terrible e insoportable que este.

3

Suicidio

EL término *suicidio* se utiliza en relación con una amplia variedad de comportamientos autodestructivos, al menos potencialmente, nacidos de muy diversas motivaciones o condiciones, y que se manifiestan en circunstancias muy distintas. Durante muchos siglos la humanidad ha venido discutiendo las numerosas implicaciones del comportamiento suicida. El problema se abordó primero desde los puntos de vista teológico, ético y filosófico. En tiempos más recientes se han venido a sumar las perspectivas sociológica y psicológica. A pesar de todas estas tentativas, siguen pendientes numerosas cuestiones espinosas.

Como algunas personas que han revivido tras encontrarse muy cerca de la muerte informaron de experiencias espirituales, algunos han preguntado qué repercusiones tienen estos informes sobre el tema del suicidio. Lo primero que conviene señalar es que el estudio de las experiencias de casi muerte no nos proporciona respuestas definitivas a los numerosos interrogantes que rodean el suicidio. Lo más que podemos hacer es formularnos dos preguntas. Primera: ¿Las personas que han tenido experiencias de casi muerte adoptan a partir de estas alguna actitud particular con respecto al suicidio? Segunda: ¿ Las experiencias registradas de casi muerte derivadas de intentos de suicidio difieren en algún sentido de las que tienen otro origen?

Mientras que las personas que han relatado experiencias de casi muerte afirman con bastante frecuencia que no sentían deseos de escapar de la «muerte», todas ellas rechazan, sin embargo, el suicidio como medio de volver a ese estado. Suelen manifestar que en el transcurso de su experiencia se dieron cuenta de que tienen un objetivo que cumplir en la vida. Vuelven con una actitud seria y entregada hacia la vida y el hecho de vivir. Ni uno solo de los individuos por mí entrevistados ha intentado repetir su experiencia.

Mucha gente que estuvo a punto de morir por causas naturales o en un accidente me han contado que mientras se encontraban en ese estado se les había dado a entender que el suicidio representaba un hecho equivocado al que correspondía un castigo. Por ejemplo, un hombre que «falleció» tras un accidente, me relató:

> [Mientras estaba allí] Tuve la sensación de que dos cosas que me estaban totalmente prohibidas serían matarme a mí mismo y matar a otra persona... Si me suicidara sería como devolverle a Dios un regalo, tirándoselo a la cara... Matar a otra persona equivaldría a interponerme en los designios de Dios para dicho individuo.

Otro hombre que superó una aparente muerte el clínica que duró algún tiempo manifestó que mientras estuvo allí tuvo la impresión de que existía una «expiación» a pagar por el suicidio, y que parte de la misma sería contemplar el sufrimiento que este causaría a los demás.

Para cuando completé el manuscrito de mi primer libro me había encontrado con muy pocos casos significativos de casi muerte derivados de intentos de suicidio. Considero comprensible que las personas que han sufrido estas experiencias se muestren más reacias a hablar de las mismas, debido a posibles sentimientos de culpabilidad por su intento. No obstante, a partir de entonces me he tropezado con algunos casos nuevos. Todos los implicados se muestran de acuerdo en un punto: creen que su intento de suicidio no solucionó nada; y se encuentran exactamente con los mismos problemas de que habían intentado librarse quitándose la vida. Cualquiera que fuese la dificultad de que habían intentado zafarse continuaba allí, sin resolver.

Otra persona mencionó sentirse «atrapada» por la situación que había provocado su intento de suicidio. Tenía la sensación de que el estado de cosas en que estaba involucrado antes de su «muerte» se repetía una y otra vez, como en un ciclo.

El problema que le contaba, ya sabe, no parece ahora tan importante, viéndolo con otra perspectiva, desde un punto de vista más adulto. Pero en aquella época, con la edad que yo tenía, me parecía gravísimo... Bien, lo que ocurrió es que el problema seguía allí, aun después de haberme «matado». Y era como si se repitiese, como si empezase de nuevo. Lo tenía que sufrir otra vez, y cuando, al final, pensaba: «¡Me alegro de que haya pasado!», volvía a comenzar de nuevo, y entonces me decía: «¡Oh no, otra vez no!»

Todos afirmaron que después de sus experiencias no volverían a pensar nunca más en el suicidio. Su actitud común era que habían cometido un error, y se alegraban mucho de haber fracasado en su intento. Por ejemplo, cuando le pregunté a un hombre si, a la luz de lo que había experimentado, volvería a intentar matarse, me respondió:

No, no lo repetiría. Cuando muera, será de muerte natural, porque algo que comprendí claramente en aquellos momentos es que nuestra vida aquí dura muy poco y que hay muchas cosas que hacer en ella. Y cuando uno muere es para toda la eternidad.

Resulta muy interesante que los puntos de vista y las experiencias aquí recogidos coincidan en tan gran medida con los sentimientos expresados en un argumento teológico muy antiguo contra el suicidio.

A lo largo del tiempo, infinidad de teólogos y filósofos de distintas escuelas han expuesto sus argumentos en contra del suicidio partiendo de la base de que la vida es una tarea o un «regalo» de Dios, y que no nos corresponde a nosotros decidir sobre nuestras vidas. Así, en el *Fedón*, Platón se refiere a la teoría de que estamos en el mundo desempeñando algún tipo de cargo, y de que no debemos desertar del mismo. Argumenta que, en esencia, pertenecemos a Dios y estamos bajo su tutela, por lo que no debemos intentar escapar a ella por este procedimiento[1]. En la Edad

---

[1] Platón, *Fedón*, 61.

Media, Santo Tomás de Aquino expuso el razonamiento de que como la vida es un don divino solo Dios puede decidir cuándo debe acabar[2]. John Locke, el filósofo inglés del siglo XVII, al que se deben algunas de las ideas contenidas en la Declaración de Independencia y en la Constitución de los Estados Unidos, afirmó asimismo que somos propiedad de Dios y que estamos en el mundo para cumplir una misión, no para abandonar nuestro puesto cuando mejor nos parezca[3].

De forma similar el filósofo alemán Immanuel Kant, un pensador muy alejado de los anteriormente citados, escribía:

> ... tan pronto examinamos el suicidio desde el punto de vista de la religión lo vemos en su auténtica dimensión. Hemos sido puestos en este mundo bajo determinadas condiciones y para fines concretos. Pero el suicidio se opone a los designios de su creador; se presenta al otro mundo como alguien que ha desertado de su puesto; se le debe considerar como un rebelde contra Dios... Dios es nuestro dueño; somos propiedad suya; su providencia trabaja por nuestro bien[4].

No expongo aquí estos argumentos para respaldarlos o para formular un juicio ético o moral sobre el suicidio; lo único que deseo es resaltar hasta qué punto coinciden los sentimientos sobre el objetivo del ser humano en la vida y el problema del suicidio que se reflejan en estos razonamientos teológicos y en las palabras y pensamientos de las personas que han pasado por experiencias de casi muerte.

Soy consciente de que las experiencias relatadas en este capítulo plantean muchas cuestiones. Algunos han señalado que en determinadas culturas el suicidio no es moralmente condenado, a diferencia de lo que suele ocurrir en la nuestra. Puede considerarse incluso una acción honorable, como ocurría en Japón durante la época de lo samurais. Cabe,

---

[2] Santo Tomás de Aquino, *Summa Theologica*, Parte II-II, Cuestión 64, Artículo 5.
[3] John Locke, *The Second Treatise on Civil Government*, Sección 6.
[4] Immanuel Kant, *Lecciones de Ética*.

por tanto, preguntarse: «¿Relataría una persona perteneciente a ese tipo de sociedad las mismas experiencias, tras recuperarse de un intento de suicidio?»

Además, otros han sugerido que, de hecho, todos nosotros hemos cometido alguna vez suicidio de una forma u otra; es decir, que la mayoría de nosotros nos dedicamos probablemente a alguna actividad que, deberíamos ser conscientes de ello, terminará dañándonos o causándonos la muerte. Tres ejemplos destacados en nuestra propia sociedad son el consumo de cigarrillos, de alimentos que contienen elevados niveles de colesterol, y de alcohol. La gente sigue consumiendo estos artículos a pesar de ser plenamente consciente de que les pueden provocar la muerte a través de diversos tipos de enfermedades o de un accidente de coche. ¿Qué diferencia existe, cabría preguntar, entre ese comportamiento y el «verdadero» suicidio? ¿A qué nivel de la amplia gama de comportamientos potencialmente autodestructivos comenzarían a aplicarse los «castigos» a que se refieren los pacientes anteriormente citados?

Algunas personas cometen suicidio por razones altruistas; por ejemplo, para salvar a otras. ¿Cuáles serían las experiencias de estas personas que «mueren» heroicamente?, ¿o las de las personas que se quitan la vida bajo una depresión psíquica o como consecuencia de alguna terrible pérdida?

Es también un hecho de sobra conocido que muchos de aquellos que «intentan» suicidarse no pretenden realmente quitarse la vida, sino simplemente llamar la atención de los demás hacia sus necesidades o problemas de un modo dramático. Por el contrario, numerosos psiquiatras mantienen que, en los casos de los individuos calificados como «propensos a accidentes», aunque no alberguen el deseo consciente de matarse, *subconscientemente* sí lo desean. Según esta explicación, sus accidentes aparentes no serían sino intentos inconscientes de suicidio.

Evidentemente, nadie posee respuestas tajantes a estas complejas cuestiones, y tampoco intento simplificarlas. Todo lo que hago es informar de que las experiencias de casi muerte relacionadas con intentos de suicidio que conozco difirieron de las demás en los aspectos referidos.

Cuando se le plantearon estas cuestiones, un psiquiatra amigo mío, que había tenido una experiencia de «otro mundo» durante una aparente muerte clínica debida a una infección, dio una interesante respuesta. Expresó la creencia de que, por su propia naturaleza, Dios es mucho más clemente, comprensivo y justo de lo que los humanos somos capaces de imaginar, y de que Dios se ocuparla de esos temas de acuerdo con su propio amor y sabiduría. Lo que un presunto suicida necesita de nosotros, los seres humanos, no es un juicio, sino amor y comprensión.

4

Reacciones por parte del clero

En su prólogo a *Vida después de la vida,* la doctora Elisabeth Kübler-Ross predijo que este tipo de estudio se vería criticado por algunos miembros del clero. Ha sido así hasta cierto punto. No obstante, numerosos ministros de diversas confesiones cristianas me han expuesto su entusiasmo e interés por esta clase de estudio, invitándome a hablar del tema ante sus congregaciones.

Son muchos los clérigos que han mencionado casos de feligreses que habían puesto en su conocimiento experiencias de casi muerte; parecía agradarles conocer el punto de vista de alguien procedente de un medio profesional que no tiene nada que ver con su ministerio. Bastantes de ellos me manifestaron su creencia de que estas experiencias confirman lo que se dice en la Biblia sobre la vida después de la muerte. La revista *Guidepost,* decididamente cristiana en su orientación y presentación, ha venido publicando relatos como estos durante varios años.

Un pastor metodista que había investigado experiencias de casi muerte antes de que se cruzaran nuestros caminos me contó algo que había ocurrido después de que él y yo comenzáramos a investigar conjuntamente. Reproduzco a continuación el extracto de un diálogo mantenido entre ambos acerca de la importancia de la tarea que habíamos venido realizando:

      PASTOR.—Aquella señora estaba desahuciada. Padecía una enfermedad renal. Hablando con ella sobre la muerte, antes de su fallecimiento, le expuse mi creencia en una vida después de la muerte. Le dije que una de las cosas que habían fortalecido mi fe eran las investigaciones realizadas por doctores en medicina entrevistando a personas que fueron consideradas clínicamente muertas y habían resucitado. Al oír esto, se excitó mucho, y en posteriores visitas siempre sacaba el tema a colación.

Durante el funeral, cuando pronuncié el sermón, me refería las conversaciones que había mantenido con ella a este respecto y a cómo habían reforzado su fe. Lo más importante de todo es cómo afectó a las personas que estaban sentadas en los bancos del templo oírme a mí, un clérigo, afirmar que aquella señora «estaba todavía viva», y a un médico amigo mío que mantenía la misma creencia. La fallecida había estado muy unida a su marido, y era como si una parte de ella hubiese muerto ya algunos años antes, cuando él falleció. Y en aquel sermón afirmé que había ido a reunirse con él en algún lugar donde estuviera Jesucristo. Y no hablaba en términos figurativos o simbólicos; estaba convencido de ello; esto les proporcionó un gran consuelo...

Una vez concluido el funeral ocurrió algo muy poco frecuente. Después del sermón dominical, la gente suele acercarse a uno y darle la enhorabuena por lo bien que lo ha hecho, pero nunca tras un funeral. Eso es algo insólito. Y, sin embargo, como unas diez personas se acercaron a mí para felicitarme por lo que había dicho durante el funeral...

Una de las cosas que intento conseguir cuando predico es inducir a la gente a amar, y refuerzo su fe diciéndoles que en el momento de la muerte se le presenta a uno Jesucristo y la pregunta: «¿En qué medida has amado?»; que el amor es lo que el cristianismo resalta por encima de todo, y no solo en la Biblia, hace dos mil años, sino también ahora, cuando la gente se siente morir y experimenta esa sensación de ser juzgada. Se trata de un recurso que he empleado varias veces en mis sermones para fortalecer la fe, para conseguir que la gente comprenda la importancia de la fe y del amor.

DR. MOODY.—Mencionó usted antes que, al igual que yo, no cree probable que se obtenga una prueba de la existencia de una vida después de la muerte, en el sentido científico de la palabra prueba.

PASTOR.—Si se pudiese probar la existencia de una vida después de la muerte, sería como demostrar la existencia de Dios, y eso invalidaría la necesidad de la fe. No podemos demostrar ese tipo de cosas. La otra vida es algo en lo que se tiene que creer por fe; y si pudiéramos renunciar a ella, y demostrar que existe una vida más allá de la tumba, la gente no necesitaría de la fe para creer. La vida es un misterio. La vida después de la muerte es también un misterio, y si pudiéramos descifrarlo no necesitaríamos basarnos en la fe, lo cual arruinaría todo el sistema religioso. Debemos aceptar por tanto esas verdades simplemente por fe. Pero lo que cuenta la gente que vuelve de la muerte da credibilidad a la fe y la refuerza. Afirma mi fe, pues yo soy ya un hombre de fe. Pero si no lo fuera, no me convencería.

Esta es la opinión de un pastor metodista, con la que no creo estén de acuerdo todos los ministros de su iglesia. Algunos de ellos han formulado objeciones concretas, y una de ellas es la procedente de algunos pastores teológicamente liberales, que consideran la función de la iglesia como fundamentalmente ética, relacionada con el avance de las reformas sociales y la consecución de la justicia social para todos. Desde esta perspectiva teológica, parecen haber llegado a la conclusión de que la preocupación por la supervivencia después de la muerte física es algo pasado de moda. He escuchado a varios de estos pastores señalar que creen que la preocupación por la vida después de la muerte está desapareciendo, o que al menos así debería ser.

Aferrándose a este punto de vista, un anciano pastor de la Iglesia Episcopal me preguntó recientemente: «¿No deberíamos pensar más en *este* mundo, y no en el otro? ¿No hay un montón de problemas que resolver *aquí*?» Luego me expuso que, en el pasado, los dirigentes habían intentado muchas veces distraer la atención de las gentes menos favorecidas o de otras víctimas de la injusticia social de sus sufrimientos en la tierra prometiéndoles que serían recompensados en el cielo, siempre que no sacaran los pies del plato ni desobedecieran las leyes establecidas. En otras palabras, su antagonismo hacia el estudio de los fenómenos relacionados con la casi muerte parecía basarse en la idea de que las teorías sobre la otra vida habían representado en muchas ocasiones intentos disfrazados de opresión social.

Estoy hasta cierto punto de acuerdo con algunos de los sentimientos manifestados por estos representantes del clero. Lo que yo pienso es que, en efecto, existen numerosas injusticias sociales en este mundo y que, personalmente, me gustaría contribuir a corregirlas en el transcurso de mi propia vida. Considero de suma importancia el mandamiento de «amar al prójimo como a uno mismo», que implica que debemos hacer todo cuanto esté en nuestra mano para mejorar la suerte de nuestros hermanos ayudar a los menos afortunados que nosotros.

No obstante, hay varios puntos en los que mi perspectiva y mi experiencia difieren de las que al parecer han tenido estos pastores. A la luz de mi propia experiencia, me sorprende encontrar que algunos de ellos creen que la preocupación por el tema de si existe o no una supervivencia después de la muerte del cuerpo está a punto de desaparecer. Lo que yo he observado indica justamente lo contrario. Creo que mucha gente sigue estando muy interesada por el tema. También, que me siento incapaz de entender por qué la preocupación social y el interés por la vida después de la muerte se excluyen mutuamente. Estoy seguro de que una persona seguirla preocupándose por el bien de los demás aun cuando creyese plenamente que existe una vida después de la muerte y se mostrara interesada por cualquier descubrimiento relativo a esta posibilidad. De hecho, muchos de los pacientes con los que he hablado han expresado una intensa preocupación por el bien de los demás. Regresaron de sus experiencias sintiéndose con ganas de vivir y de conseguir cosas para los demás mientras estuvieran en la tierra, y yo personalmente comparto esos objetivos. Después de todo, en vez de favorecer nuestra indiferencia ante la injusticia social, la creencia en otra vida debería estimularnos a intentar resolverla.

No puedo estar de acuerdo, además, en que el factor único, y ni siquiera principal, en la persistencia de las teorías que afirman la existencia de una vida después de la muerte sea distraer la atención de la gente de su insatisfactoria existencia. Muchas personas me han expresado sus temores a la muerte; no les gusta pensar que su consciencia va a desaparecer con la muerte. Otros echan de menos a amigos y familiares fallecidos y confían en que sigan existiendo en alguna otra parte. Estas preocupaciones parecen muy alejadas de las relativas a la injusticia social o a la opresión de clase.

Ha sido además mi interés por la medicina el que ha conformado mi forma de abordar estas experiencias. En mi calidad de médico, numerosas personas me han contado experiencias muy importantes para sus vidas, derivadas de su contacto con medidas de resurrección médica. Considero que, como tal, este es también un problema de la medicina. Me gustaría, en la medida de mis fuerzas, llegar a comprender experiencias de gran trascendencia para mis pacientes, y que tienden a ocurrirles en situaciones en las que se encuentran bajo cuidados médicos.

No pretendo decir que mi punto de vista sea mejor que el de los pastores liberales a que me he referido, sino solo que es *distinto*. Podría ocurrir muy bien que su sensación de que está desapareciendo la preocupación por la vida después de la muerte no sea, sino una proyección de su propia relación limitada con otros pastores que piensan lo mismo o con sus propios feligreses socialmente conscientes. No obstante, también podría pensarse que mi idea de que dicha preocupación sigue viva no es sino una proyección de mi propia experiencia limitada, principalmente con personas que han expresado su interés por el tema. No afirmo en absoluto conocer cuál es la opinión de la mayoría de los cristianos al respecto.

El segundo grupo de clérigos que han formulado críticas contra las experiencias de casi muerte hablan desde una perspectiva teológica más conservadora. Me refiero a los que afirman que este tipo de experiencias están dirigidas por fuerzas satánicas o por demonios.

Carezco de preparación formal en el campo de la teología. Mis lecturas se limitan a las obras de los teólogos más importantes, como San Agustín, Santo Tomás de Aquino y Juan Calvino, a quienes se considera asimismo como grandes e influyentes filósofos. Pero he consultado a amigos clérigos y teólogos que piensan de tales acusaciones. Por lo general, se muestran de acuerdo en que una visión debe considerarse positiva si, entre otros factores, induce al que la ha tenido a, por ejemplo, acercarse a Dios, o a recibir enseñanzas religiosas. Como hemos podido comprobar, las experiencias de casi muerte de las personas por mí entrevistadas han tenido precisamente esas consecuencias. Otros pastores me han citado también el criterio de que tales visiones deben coincidir con lo que de ellas se dice en la Biblia, y se han mostrado de acuerdo conmigo en que así ha sido en estos casos.

Por mi parte, debo reconocer que me resultó muy molesto verme acusado, aunque solo fuera por implicación, de alianzas con el diablo. Mis creencias religiosas tienen gran importancia para mí, y resulta además difícil defenderse de una acusación como la de satanismo. No obstante, me sentí bastante aliviado después de hablar con un pastor metodista, de carácter sumamente conservador y estricto, quien me contó que él mismo se había visto acusado, por miembros de una secta ligeramente más conservadora que la suya, de ser uno de los ayudantes de Satán. Me atrevo a afirmar que para quedarse con la conciencia tranquila basta con pensar que en este mundo tan amplio y diverso habrá siempre alguien que impugne las motivaciones de uno. Y me cabe confiar en que, en los aspectos en que haya podido errar, vendrá alguien a ayudarme a volver al buen camino.

Hay un tercer grupo de pastores que debe mencionarse en relación con esta discusión: los que no se han mostrado críticos, pero sí retraídos. Parecen no sentirse cómodos discutiendo este tipo de experiencias, ya que consideran que pertenecen más al campo de la medicina, que son un fenómeno que atañe sobre todo al médico. Pueden, por ejemplo, desestimar tales experiencias diciendo que no son sino alucinaciones, y ello a pesar de que las personas que las han sufrido las relacionan más con sus vidas y creencias religiosas que con su estado de salud.

Se trata de una manifestación más de un viejo dilema, del conflicto entre profesiones distintas. Todas las profesiones parecen contar con algunos miembros que defienden celosamente su propio territorio contra las intrusiones de los demás. A este tipo de personas les molesta que un lego bien informado o un profesional de otro campo comente algún tema perteneciente a su propio campo profesional. En todas las profesiones existen también determinados miembros reacios a interesarse o preocuparse por temas ajenos a su terreno o especialidad concretos.

Es conveniente mantenerse en guardia contra la simplificación de problemas complejos; pero se debe señalar que este tipo de exclusivismo profesional plantea también graves problemas. Esta actitud parece ser la más castrante a nivel intelectual. Tiene también grandes probabilidades de impedir cualquier aportación a la materia de que se trate por parte de alguien ajeno a la profesión.

Además, esta actitud parece basarse en el dudoso supuesto de que la actual división de trabajo entre las distintas profesiones y campos de estudio agota todas las posibilidades. Considero que, desde el punto de vista de un tema o nuevo fenómeno, debe ser verdaderamente trágico encontrarse en la línea fronteriza entre los dominios o campos de trabajo de dos profesiones humanas.

Para unir todo lo anteriormente expuesto en el tema que nos ocupa, diré que me he encontrado con pastores y clérigos que parecen sumamente reacios a hablar sobre cualquier punto que les parezca relacionado en cualquier sentido con la medicina. He tenido ocasión de reunirme con los pastores o guías religiosos de algunos de mis pacientes, y me ha sorprendido mucho la forma apologética que tenían de discutir los aspectos médicos de estos casos, especialmente dado que mostraban un impresionante grado de comprensión de la condición y diagnóstico del paciente. Así, me he encontrado con pastores que rehúsan discutir experiencias de casi muerte, por considerar que representan fenómenos de carácter médico. Por otro lado, varios médicos me han contado que se niegan a discutir estas experiencias con sus pacientes, por creer que pertenecen a la vida religiosa de estos. Parece, en resumen, que para algunas personas este fenómeno es uno de esos campos entre dos mundos distintos, predestinados a la impopularidad.

En líneas generales, me ha complacido que la mayoría de los pastores, a los que ya conocía o he conocido durante la realización de este estudio, se hayan interesado y mostraran señales de aprobar mi trabajo. Ellos, por su parte, se dan cuenta de que no extraigo conclusiones, de que no intento imponer mis ideas personales a los demás, y de que, plenamente consciente de mis propias limitaciones, admito consejos y guías procedentes de otras perspectivas o puntos de vista.

5

Ejemplos históricos

Hace algunos años, cuando se me preguntaba si conocía algún ejemplo histórico de fenómeno de casi muerte, tenía que responder en sentido negativo. Desde entonces se ha hecho evidente que existe una amplia variedad de relatos de experiencias de casi muerte en escritos de tiempos anteriores. Creo que merece la pena citar aquí detalladamente ejemplos procedentes de diversas fuentes, extraídos de diferentes culturas y épocas Lo que viene a continuación es solo una parte de los materiales hasta el momento recopilados, y estos no son probablemente sino lo que sobresale del iceberg.

Se ha señalado la historia del lapidamiento del apóstol Esteban como una posible experiencia de casi muerte

En los salmos 7:54-58 de la Biblia se cuenta que, poco antes de ser lapidado por una muchedumbre colérica —y, al parecer, antes de que se produjera ninguna herida—, Esteban tuvo una visión:

> Cuando oyeron estas cosas, les llegaron a lo más profundo, y le dieron de dentelladas. Pero él, poseído por el Espíritu Santo, miró tranquilamente al cielo y vio la gloria de Dios, y a Jesucristo de pie a la derecha de Dios. Y dijo: «Mirad, veo los cielos abiertos, y al Hijo del Hombre a la derecha de Dios». Entonces, dieron grandes gritos, se taparon los oídos y cayeron sobre él al unísono; luego le sacaron de la ciudad y le lapidaron. Y los testigos depositaron sus vestiduras a los pies del joven, cuyo nombre era Saúl.

Beda el Venerable fue un monje inglés que vivió entre los años 673 y 735. En 731 terminó una *Historia de la Iglesia y el pueblo británico.*

Entre otros muchos milagros, Beda relata una historia de «retorno de entre los muertos» que, haciendo caso omiso de las diferencias de lenguaje cultural, se parece en muchos aspectos a las que podemos oír hoy en día.

Por esta época ocurrió en Bretaña un notable milagro, como los de los tiempos antiguos; pues, para despertar a los vivos de la muerte espiritual en que estaban sumidos, un hombre ya muerto volvió a la vida corporal y narró numerosos hechos admirables que había contemplado, algunos de los cuales he pensado que merecía la pena repetir aquí brevemente. Era el cabeza de una familia que vivía en un lugar del país de los northumbrianos llamado Cunningham, y que, junto con toda su familia, llevaba una vida devota. Cayó enfermo y fue empeorando hasta que llegó la agonía, falleciendo a primeras horas de la noche. Pero con el alba volvió a la vida, y de repente se sentó, con gran consternación para todos los que lloraban alrededor del cadáver; solo se quedó con él su esposa, que le amaba tiernamente, pero temblorosa y asustada. El hombre la tranquilizó y le dijo: «No temas, pues he escapado verdaderamente de las garras de la muerte, y me ha sido dado vivir de nuevo entre los hombres; más de ahora en adelante no debo vivir como solía, y tengo que adoptar un estilo de vida muy distinto...». Poco después abdicó de todas sus responsabilidades mundanas e ingresó en el monasterio de Melrose, que está casi totalmente rodeado por un meandro del río Tweed...

Así era como solía relatar su experiencia: «Mi guía era un hermoso joven que llevaba una túnica brillante, y caminamos en silencio en una dirección que me pareció ser el nordeste. Avanzando, llegamos a un valle muy amplio y profundo, de longitud infinita... Pronto me sacó de la oscuridad y pasamos a una atmósfera de clara luz, y según me conducía por esta luz resplandeciente, vi ante nosotros una enorme muralla que me pareció de una longitud y altura infinitas en todas las direcciones. Por lo que pude ver, no había ninguna puerta, ventana o entrada en ella, y empecé a preguntarme por qué seguíamos avanzando hacia la muralla. Pero cuando llegamos a ella, de repente, no sé cómo, nos encontramos de inmediato en lo alto de la misma. Dentro había un prado amplio y agradable... Era tanta la luz que se derramaba por aquel lugar, que parecía mayor que la claridad del día o que los rayos del sol cuando este está más alto...

El guía me dijo: «Ahora debes volver a tu cuerpo y vivir de nuevo entre los hombres; pero si sopesas tus acciones con mayor cuidado y te esfuerzas por que tus palabras y hábitos sean sencillos y virtuosos, cuando mueras ganarás un puesto entre estos felices espíritus que contemplas aquí; pues cuando te dejé durante un rato, fue para descubrir cuál sería tu futuro». Al decirme esto, me mostré sumamente reacio a volver a mi cuerpo, pues estaba hechizado por la dulzura y la belleza del lugar y por la compañía que allí vi; mas no me atreví a oponerme a mi guía, y mientras tanto, no sé cómo, me encontré de repente vivo y, una vez más, entre los hombres.

Este hombre de Dios rehusaba discutir estas y otras cosas que había contemplado con personas apáticas o de vida disoluta, y lo hacía solo con los que estaban obsesionadas por el temor al castigo o esperanzados por los gozas eternos, y se mostraban dispuestos a encerrar sus palabras en sus corazones y acrecentar su santidad[1].

Entre los rasgos de especial interés de este relato figuran la sorprendente forma en que cambió la vida y apariencia del hombre a causa de su experiencia, la presencia de un espíritu que se encontraba allí para guiarle durante la transición, y su negativa a hablar con nadie que no le escuchase de forma receptiva y favorable.

En una excelente colección de relatos celtas, *A Celtic Miscellany*, figuran dos interesantes historias de autores irlandeses desconocidos (de los siglos noveno y décimo, repectivamente).

---

[1] Beda, *A History of the English Church and People* (Penguin Books, Harmondsworth, Inglaterra, 1968), págs. 289-293.

Los niños que fueron al cielo

... Donnán, hijo de Liath, uno de los discípulos de Senán, fue a recoger algas a la playa junto con dos niños que estaban estudiando con él. El mar le arrebató su bote, por lo que carecía de embarcación para recogerlos, y no había ninguna otra en toda la isla con que poder rescatarlos; así que los niños se ahogaron y quedaron sobre una roca; pero al día siguiente sus cuerpos fueron llevados hasta la orilla y quedaron sobre la playa de la isla. Vinieron los padres y rogaron que sus hijos les fueran devueltos vivos. Senán le dijo a Donnán: «Dile a los niños que se incorporen y hablen conmigo». Donnán les dijo: «Podéis levantaros para hablar con vuestros padres, pues así os lo ordena Senán». Se incorporaron de inmediato ante la orden de Senán, y dijeron a sus padres: «Nos habéis hecho un mal alejándonos de la tierra de la que venimos». «¿Cómo podéis preferir —les dijo la madre— estar en esa tierra que volver con nosotros?» «Madre —respondieron—, aunque nos dieséis poder sobre todo el mundo, y todos sus gozos y delicias, seguiríamos considerándonos como en una prisión, en comparación con la vida y el mundo de donde venimos. No nos retraséis más, pues ha llegado el momento de que retornemos al país de donde venimos; y, en nuestro nombre, Dios os dará consuelo para que no os aflijáis por nosotros.» Sus padres les dieron, pues, su consentimiento; volvieron con Senán a su oratorio; allí recibieron el santo sacramento y se fueron al cielo. Sus cuerpos recibieron sepultura enfrente del oratorio donde vivía Senán. Y fueron los dos primeros muertos inhumados en la isla Scattery.

Una historia de fantasmas

Había una vez dos estudiantes que estudiaban juntos, y que eran hermanos, pues se habían criado juntos. Esto es lo que hablaban en su pequeña cabaña: «Es un triste viaje cuando nuestros seres queridos y nuestros amigos se alejan de nosotros, y no vuelven nunca con noticias acerca del país al que van. Hagamos la promesa de que aquel de nosotros dos que muera antes vuelva a traerle noticias al otro». «Así sea, pero de verdad.» Se comprometieron, pues, a que el primero de ellos que muriese se presentaría ante el otro antes de un mes para darle noticias.

Poco después uno de ellos murió. Fue enterrado por el otro, quien cantó su réquiem. Le estuvo esperando hasta final de mes, pero el otro no volvió; y entonces se dedicó a insultarle, y a insultar también a la Santísima Trinidad, por lo que el alma suplicó a la Santísima Trinidad que le dejase ir a hablar con él. Este se encontraba haciendo genuflexiones en su cabaña, y encima de su cabeza había un pequeño dintel; su cabeza chocó con el dintel, y cayó inánime. Su alma vio el cuerpo ante ella, pero creía seguir dentro de él. Le miró y dijo: «Me parece muy mal que me traigan un cadáver. Deben haber sido los de la iglesia». Y diciendo esto, salió de la casa. Un clérigo iba tocando la campanilla. «No está bien, padre —dijo—, que me traigan el cadáver a mí». Mas el sacerdote no respondió. Se dirigió a todo el mundo que vio, pero no le oían. Esto le trastornó mucho. Se dirigió luego a unos segadores: «Aquí estoy» —dijo—; pero estos no le oyeron. Entonces se apoderó de él una gran furia. Marchó a la iglesia; mas se habían marchado a cobrarle los diezmos, y entonces vieron su cadáver en la casa y lo llevaron al cementerio.

Cuando el alma entró en la iglesia vio ante sí a su amigo. «Bien —le dijo—, has tardado mucho en venir; prometiste en falso». «No me lo reproches —respondió el otro—; he venido muchas veces, y he estado al lado de tu almohada hablándote, pero no me oías, pues el pesado cuerpo terrenal no oye a la ligera y etérea alma». «Pero te estoy oyendo ahora» —dijo—. «No —contestó el otro—, aquí solo se halla tu alma. Estás escapando de tu propio cuerpo, pues me rogaste que me reuniese contigo, y así ha ocurrido. ¡Ay, del que obre mal! ¡Feliz será el que obre bien! Ve a reunirte con tu cuerpo, antes de que lo depositen en la tumba». «No volveré nunca a él, por miedo y aborrecimiento suyo». «Sí, irás; vivirás un año más. Reza los *Beati* todos los días por mi alma, pues los *Beati* son la escalera, la cadena y el lazo más fuerte para sacar el alma de un ser humano del infierno».

Luego se despidió del otro, que volvió a su cuerpo, y en el momento de entrar en él dio un grito, con lo que volvió a la vida; y al cabo de un año fue al cielo. Los *Beati* son, por tanto, la mejor oración que existe[2].

Estos dos relatos reúnen características que se encuentran también en numerosas experiencias contemporáneas. Se da en ambos la ya conocida «resistencia a volver». En el segundo aparece la sensación de que el espíritu se ha alejado del cuerpo. El estudiante contempla su propio cuerpo, que en un principio no reconoce como tal —una observación que me ha formulado más de una persona al describirme sus experiencias—. Observa el fenómeno denominado de «espejo por un solo lado»; es decir, que aunque puede ver y oír a los demás, él resulta aparentemente invisible e inaudible para ellos. Es también saludado por su amigo anteriormente fallecido.

Una interesante historia, procedente de una cultura distinta, es la que figura en una obra de Sir Edward Burnett Tylor, un antropólogo inglés del siglo XIX. En *Primitive Culture* cita el siguiente relato polinesio:

Esta historia... se la contó a Mr. Shortland un sirviente suyo, llamado Te Wharewera. Una tía de este hombre había fallecido en una cabaña solitaria cercana a las orillas del lago Rotorua. Como se trataba de una dama de alcurnia, se la dejó dentro de su cabaña, se cegaron puertas y ventanas, y se abandonó la vivienda, ya que su muerte la había convertido en tabú. Pero uno o dos días después,

Te Wharewera y otros, que iban remando en una canoa cerca del lugar a primeras horas de la mañana, vieron una figura que les hacía señas desde la orilla. Era su tía, que había vuelto a la vida, pero muy débil, fría y extenuada. Una vez repuesta gracias a sus cuidados, les contó su historia. Tras abandonar su cuerpo, su espíritu había

---

[2] Kenneth Hurlstone Jackson, *A Celtic Miscellany*, Routledge & Kegan Paul Ltd., Londres, 1971, págs. 285-287.

emprendido el vuelo hacia el cabo del Norte, habiendo llegado hasta la entrada de Reigna. Allí, agarrándose al tallo de una enredadera *akeake,* descendió por el precipicio, encontrándose en las arenosas orillas de un río. Al mirar a su alrededor, había descubierto a lo lejos un pájaro enorme, mayor que un hombre, que se aproximaba a ella con rápidos pasos. Aquel horrible animal la aterrorizó tanto que en un primer momento pensó en intentar trepar otra vez por el escarpado precipicio; pero entonces vio a un anciano que iba remando en una pequeña canoa y corrió hacia él, escapando de ese modo del pájaro. Una vez en la otra orilla, le preguntó al anciano barquero, tras darle el nombre de su familia, dónde moraban los espíritus de su clan. Siguió el camino que este le indicó, y se sorprendió mucho ante el hecho de que se trataba de un camino exactamente igual a los que había conocido en la Tierra; el paisaje, los árboles, las zarzas y las plantas le resultaban todos conocidos. Llegó a una aldea, y entre la multitud allí reunida encontró a su padre y a otros muchos parientes próximos; la saludaron y la recibieron con el quejumbroso canto que los maoríes dedican siempre a los que han estado largo tiempo ausentes. Pero cuando su padre le preguntó sobre sus parientes todavía vivos, y especialmente sobre el hijo de ella, le dijo que debería volver a la Tierra, ya que no había quedado nadie para cuidar de su nieto. Obedeciendo sus órdenes, se negó a tomar los alimentos que le ofrecían los muertos, y a pesar de los esfuerzos de todos por retenerla, su padre consiguió llevarla hasta la canoa, cruzó con ella, y en el momento de despedirse sacó de debajo de su capa dos enormes batatas, que le entregó, para que las plantara y sirvieran de alimento especial para su nieto. Mas cuando empezó a escalar nuevamente el precipicio, sintió que le tiraban de la espalda dos espíritus infantiles, y solo logró escapar de ellos arrojándoles los tubérculos, que se detuvieron a comer, mientras ella seguía escalando el abismo con ayuda de la enredadera *akeake,* hasta que llegó a la Tierra y voló nuevamente adonde había quedado su cuerpo. Al volver a la vida, se encontró en la más completa oscuridad, y todo lo que había pasado le pareció un sueño; entonces se dio cuenta que estaba sola en la cabaña, con la puerta cerrada, y llegó a la conclusión de que realmente había muerto y retornado a la vida. Al amanecer, una débil luz se filtró por las rendijas de la casa cerrada, y vio cerca de ella una calabaza que contenía algo de comida mezclada con agua; la tomó ávidamente sin dejar nada, y sintiéndose algo más fuerte consiguió abrir la puerta y arrastrarse hasta la playa donde la habían encontrado poco después. Los que escucharon su relato creyeron firmemente en la verdad de sus aventuras, pero lamentaron mucho que no se hubiese traído al menos una de las gigantescas batatas, como prueba de su visita al reino de los espíritus[3].

No he podido encontrar la obra de Edward Shortland, *Traditions and Superstitions of the New Zealanders,* de la que Tylor extrajo este relato. No obstante, haciendo caso omiso de las variantes culturales de expresión y simbolización y de las deformaciones que probablemente experimentó la historia al pasar de boca en boca, cabe reconocer en la misma algunos de los elementos comunes en las experiencias de casi muerte anteriormente descritos. La mujer «fallecida» dejó su cuerpo, atravesó un río, la recibieron sus parientes muertos y recibió la orden de volver para cuidar a su hijo.

El escritor inglés Thomas de Quincey (1785-1859) estaba muy familiarizado con las experiencias de casi muerte. En *Confessions of an English Opium Eater* describe sus propios problemas derivados de la adicción al opio, hábito muy extendido en su época, cuando el opio se podía conseguir con facilidad y adquirir legalmente. Describe cómo, en ocasiones, se le representaban escenas de su pasado, y esto le recuerda una historia que le había contado un miembro femenino de su familia, que los investigadores y estudiosos creen fue su madre.

En la primera edición (1821) de su obra escribe:

> En cierta ocasión un miembro próximo de mi familia me contó que, habiéndose caído durante su infancia a un río, y habiendo

---

[3] Edward Burnett Tylor, *Primitive Culture,* Vol. II, Henry Holt and Co., Nueva York, 1874, págs. 50-52.

estado a punto de morir de no ser por el socorro que recibió en el último momento, pudo contemplar en un instante, y con los menores detalles, toda su vida, que se le apareció simultáneamente, como en un espejo, desarrollándosele instantáneamente la capacidad de aprehenderla en su totalidad y en cada una de sus partes[4].

En una continuación, *Suspiria De Profundis,* De Quincey recoge nuevamente el incidente y comenta las escépticas respuestas que el relato provocó al parecer en algunos de sus lectores:

Aunque de edad desacostumbradamente avanzada, la dama en cuestión vive todavía; y debo señalar que entre sus defectos no se contó nunca la liviandad de principios o la falta de respeto a la más escrupulosa veracidad, sino, por el contrario, los que se derivan de la austeridad: la dureza y la melancolía, y el no encontrar la menor indulgencia ni para con los demás ni para con ella misma; y en el momento de narrar este incidente, ya muy anciana, se había hecho devota hasta el ascetismo. Por lo que yo recuerdo, acababa de cumplir los nueve años cuando, jugando a la orilla de un arroyo solitario, se cayó en una de sus charcas más profundas. Tras un periodo de tiempo que nadie sabe cuánto duró, la salvó un labrador que iba cabalgando por un prado distante y la había visto salir una vez a la superficie, pero no antes de que hubiese descendido a los abismos de la muerte y atisbado sus secretos hasta donde haya podido hacerlo una mirada humana y podido regresar. En cierto momento de este descenso pareció herirla un golpe; de sus pupilas surgió una luminosidad fosfórica, e inmediatamente se esparció por su mente un escenario fabuloso. En un momento, en lo que dura el parpadeo de un ojo, revivieron todos los actos, todos los pensamientos de su vida anterior, ordenándose no de

---

[4] Thomas De Quincey, *Confessions of an English Opium Eater whith Its Sequels Suspiria De Profundis and The English Mail-Coach,* dir. de ed., Malcolm Elwm, Macdonald & Co., Londres, 1956, págs. 420-421.

forma cronológica, sino como partes de un todo simultáneo. Esa luz iluminó retrospectivamente toda la trayectoria de su vida, hasta las sombras de la infancia, quizá como la luz que envolvió al apóstol elegido [Pablo] en su camino a Damasco. Sin embargo, aquella luz fue cegadora durante un instante, mientras que la de ella llenó su mente de una visión celestial, de forma que en su conciencia se hicieron omnipresentes en un momento todos los detalles de esta visión de alcance infinito.

Algunos críticos han reaccionado ante esta historia con gran escepticismo. Pero aparte que, desde entonces, la han confirmado otras experiencias fundamentalmente idénticas, de las que han informado personas distintas que han estado en las mismas circunstancias y que no habían oído nunca unas de otras, lo verdaderamente asombroso no es la *simultaneidad* en que los hechos pasados de su vida, aunque realmente sucesivos, se habían ordenado en su asombrosa línea de revelación. Este no era sino un fenómeno secundario; lo más profundo era la resurrección en sí y la posibilidad de resucitar de aquello que había dormido durante tanto tiempo en el polvo. La vida había arrojado un paño mortuorio, tan denso como el olvido, sobre todos los detalles de estas experiencias, y de repente, a una orden silenciosa, a la señal de una especie de cohete luminoso lanzado por la mente, el paño se descorre y queda al descubierto hasta lo más profundo del escenario[5].

En relación con tiempos más recientes, es notable que los miembros de la Iglesia de Jesucristo de los Santos del Último Día [los mormones] hayan creído desde hace muchos años en las experiencias de casi muerte que se cuentan unos a otros. Tiene también gran interés el hecho de que el famoso psiquiatra Carl Gustav Jung haya sufrido una experiencia de casi muerte, que relata en el capítulo titulado «Visiones», de su obra *Memories, Dreams, and Reflections*.

---

5 *Ibíd.*, págs. 511-512.

Oscar Lewis, un antropólogo contemporáneo, escribió un fascinante libro, *Los hijos de Sánchez,* basado en sus estudios de la vida de una familia mexicana. Uno de los miembros de la misma le contó una experiencia de casi muerte.

En el campo de la literatura aparecen también descripciones parecidas. Para citar solo dos ejemplos, en *Adiós a las armas,* Ernest Hemingway hace que el narrador cuente la sensación que experimentó de encontrarse fuera de su propio cuerpo durante un momento muy próximo a la muerte. (Es muy interesante señalar que, según algunos, se trata de una novela en gran medida autobiográfica.) Y León Tolstoi, en *La muerte de Iván Llych,* describe la escena del fallecimiento del protagonista situando a este en un espacio oscuro y cavernoso, en el que rememora toda su vida anterior, para pasar después a una deslumbrante luz.

Repito una vez más que estos son solo algunos de los ejemplos que se podrían citar. Lejos de tratarse de un fenómeno reciente, las experiencias de casi muerte nos han acompañado durante mucho, mucho tiempo.

6

Otras cuestiones

DESDE la publicación de *Vida después de la vida* he recibido numerosas preguntas de lectores del libro, desde colegas en la medicina y la enseñanza, a otras personas interesadas en el tema. Considero que muchas de ellas son de interés general, y aprovecho por tanto para contestarles el foro que me proporciona este segundo libro.

¿No repercutirá la discusión pública generalizada de los detalles de este fenómeno en la exactitud de las futuras investigaciones en este campo?

Se trata, evidentemente, de un tema delicado. Plantea la posibilidad no solo de que investigaciones posteriores se vean afectadas por la lectura de las ya realizadas, sino también de que personas poco escrupulosas afirmen haber pasado por estas experiencias para llamar la atención y atraer publicidad, o con el fin de alcanzar algún otro dudoso beneficio. No obstante, aunque mi estudio, al igual que los de la doctora Kübler-Ross y otros investigadores en este campo, puede complicar el problema de separar el grano de la paja, sigo creyendo que si se desea estudiar científicamente el fenómeno primero hay que llamar la atención sobre él.

La otra alternativa sería conservar celosamente el secreto profesional, y está rodeada también de objeciones y dudas. Durante muchos años la pregunta que más se me ha formulado ha sido: «Si esos hechos son tan corrientes, ¿por qué no se les ha dado más publicidad?» Parece que ahora entramos en una etapa en que la cuestión se convertirá en: «Dado que se da tanta publicidad a estos hechos, ¿por qué maravillarnos de que sucedan tan frecuentemente?»

¿Por qué no emplea los nombres de las personas a las que ha entrevistado? ¿No daría eso mayor credibilidad a su trabajo?

Continuaré con mi línea de no citar nombres. Hay varias razones para actuar de ese modo. En primer lugar, la gente que acude a mí da por sentado que no voy a utilizar sus nombres. Deseo continuar esta práctica, para seguir obteniendo relatos que la gente podría dejar de contarme si creyeran que eso permitiría identificarles. La lectura de los casos resultaría más estremecedora si los acompañase de una fotografía de la persona en cuestión y citase su nombre y dirección, como se haría en un artículo periodístico; pero eso no haría mi estudio más creíble desde un punto de vista científico.

Lo único que, en último extremo, puede dotarle de mayor credibilidad es que otras personas descubren lo mismo que yo con casos distintos. En mi obra no extraigo ninguna conclusión; solo predigo que otros individuos que aborden la misma problemática, bien dispuestos y diligentemente, podrán encontrar ejemplos de experiencias de casi muerte que demuestran todos y cada uno de los diversos factores y etapas de las experiencias sobre las que yo he escrito.

¿No será toda esta idea de una vida después de la muerte nada más que un ensueño?

Como a todos, o al menos a la mayoría de nosotros, nos gustaría encontrar otra vida después de la muerte, algunos pueden argumentar que todas las pruebas que se presenten deben ser vistas con desconfianza. Este tipo de razonamiento está muy extendido, pero debo señalar que se puede interpretar también en el otro sentido. El hecho de que haya algo que la mayoría de nosotros deseemos no implica que no vaya a ocurrir.

William James lo explicó muy bien cuando dijo que, en relación con los temas religiosos cuya certeza o falsedad no fuese empíricamente demostrable, no resulta más racional dejar de creer en ellos por temor a equivocarse que creer en ellos en la esperanza de acertar.

¿Este interés por las experiencias de casi muerte no será acaso una moda pasajera?

No lo creo. El interés por la naturaleza y el sentido de la muerte es una constante en toda la historia del pensamiento occidental. Casi todos los grandes filósofos han abordado este problema, y puede considerarse casi como el tema básico de los escritos y sistemas filosóficos de la mayoría de ellos.

En segundo lugar, el rápido avance de las técnicas médicas de resurrección garantiza que, en el futuro, nos tendremos que ocupar cada vez más de este fenómeno.

Finalmente, muchos médicos deben haber escuchado a pacientes desahuciados formular esta súplica angustiada: «Pero ¿no puede decirme nadie cómo es la muerte?» Creo que representa un avance que seamos capaces de arrojar algo más de luz sobre esta cuestión, tanto si se conciben las experiencias de casi muerte como indicios de mortalidad, como si se consideran simplemente la consecuencia de hechos en último extremo fisiológicos.

¿Se ha mostrado, antes o después de sus experiencias, interesada por el ocultismo la gente con la que usted ha hablado?

He charlado ya con más de trescientas personas que han tenido experiencias de casi muerte. En un grupo tan grande no es sorprendente encontrar algunos individuos que muestren cierto interés por temas tales como la reencarnación, la comunicación con los espíritus a través de médiums, la astrología y otros fenómenos ocultos. No obstante, me parece muy notable que de todos mis pacientes solo seis o siete mostraran interés por estos temas, antes o después de su experiencia. Casi ninguno de ellos ha expuesto más de una experiencia extraña o poco usual en el transcurso de sus vidas.

En general, la gente que he entrevistado no es de la que tiene frecuentemente experiencias fuera de lo corriente, o con un interés superior al normal por los temas relacionados con el ocultismo.

¿Ha entrevistado alguna vez a ateos que hayan tenido esas experiencias?

Todas las personas con las que he hablado procedían de la tradición judeocristiana.

En ese contexto, la palabra *ateo* equivale, al menos en parte, a un término lleno de connotaciones, que implica una cierta interpretación de la personalidad, los sentimientos y las creencias. En algunos casos, el *ateísmo* puede no ser nada más que un comportamiento puramente verbal que enmascara sentimientos personales muy distintos, quizá incluso profundamente religiosos.

Creo que sería casi imposible precisar el grado de anterior fe religiosa en estos casos, ya que en nuestra sociedad todo el mundo está como mínimo expuesto a las ideas religiosas. En vista de ello, el problema que se plantearía con cualquier persona sería determinar hasta qué punto se aferra a conceptos religiosos, aunque sea inconscientemente.

Las personas a quienes entrevisté que afirmaron carecer de creencias religiosas concretas antes de sus experiencias, confesaron haber empezado a aceptar como verdaderas las doctrinas religiosas sobre la otra vida después de pasar por ese trance.

¿Qué edades tenían las personas que ha entrevistado?

He hablado con varios adultos que me contaron experiencias que tuvieron lugar cuando eran niños. El más joven de estos casos tenía solo tres años. No obstante, solo hablé con un niño que me haya contado una experiencia de este tipo, y fue por coincidencia. Me la contó en una clínica pediátrica donde estaba ayudando a tratarle.

La persona de mayor edad que he entrevistado tenía aproximadamente setenta y cinco años cuando sufrió su experiencia. Me la contó apenas dos meses después. Creo que la edad de la persona tiene poco que ver con el contenido de la experiencia en sí. Por supuesto, los pensamientos que pasan por la mente de un niño en este trance son muy distintos de los de un adulto, y los expresa además de modo muy distinto.

¿No será el objetivo de todo esto intentar glorificar la muerte?

No, en absoluto. Creo que todos nos damos cuenta de los aspectos negativos de la muerte. La muerte es nefanda, porque representa la separación de los seres queridos, y por los sufrimientos que pueden precederla. Es también negativa en el sentido de que hay gente que fallece prematuramente sin haber tenido oportunidad de hacer las cosas que les hubiera gustado hacer en la vida.

Yo «fallecí» y me resucitaron. Sin embargo, no recuerdo nada de todo ello. ¿Qué es lo que fue mal?

Varias personas me han expresado esta misma preocupación, en respuesta a la cual deseo formular algunas observaciones. Tal como puse de relieve en *Vida después de la vida,* no todo el que sobrevive a una «muerte» clínica recuerda luego algo sobre ella. He hablado con muchas personas que no recuerdan nada.

No puedo detectar *ninguna* diferencia entre los que tienen y los que no tienen esas experiencias durante su «muerte» en lo relativo a procedencia religiosa o personalidad, a las circunstancias o causa de la muerte, o a cualquier otro factor.

Uno se pregunta si un determinado porcentaje de la gente que no recuerda nada no estará ocultando inconscientemente la realidad; es decir, si no habrá habido una experiencia de ese tipo que, por una razón u otra, el subconsciente obliga a la mente consciente a «olvidar».

Me gustaría que nadie tome la relación de elementos comunes que yo he elaborado como un modelo fijo y exhaustivo de cómo *debe ser* una experiencia de casi muerte. Existe una gama enormemente amplia de experiencias, con personas en las que se han dado solo uno o dos de los factores, y otras en las que se han dado la mayoría. Anticipo que la lista por mí descubierta experimentará necesariamente aumentos, modificaciones y reformulaciones. No pretende ser nada más que un modelo teórico aproximado, y se debería evitar la tentación de transformarla en un ideal fijo e inamovible.

Afirma que no todo el mundo que sufre una muerte clínica aparente tiene una de esas experiencias. ¿Cuál es, pues, el porcentaje?

El tipo de estudio que he realizado no me proporciona una base en que apoyar ese juicio. En primer lugar, mi muestra de casos se inclina evidentemente por los que sí han tenido una de dichas experiencias. Debido a la naturaleza de la tarea que estoy llevando a cabo, los que han tenido las experiencias tenderán más a contármelas que los que sufrieron una muerte clínica y no recuerdan nada.

Se me ha formulado frecuentemente una pregunta parecida en relación con los factores individuales de las experiencias de casi muerte. La gente pregunta, por ejemplo, cuál es el porcentaje de los que informan haber atravesado el túnel, visto la luz, etc. No he intentado calcular qué porcentaje de los entrevistados informa de cada uno de estos elementos. En primer lugar, no se puede estar seguro de que porque una persona no incluyera un elemento determinado en la narración de su experiencia, el elemento no estuviese presente. Puede haberlo olvidado, o haber tenido alguna razón para no mencionarlo. En segundo lugar, no me he molestado en contarlo, ya que con ello solo se conseguiría una magia pseudocientífica de los números.

Habría resultado muy sencillo ilustrar los dos libros con gráficos y diagramas que mostrasen tales cifras y porcentajes. No obstante, como mi muestra de casos no es aleatoria, y no se ha recopilado en circunstancias controladas, tales gráficos y diagramas equivaldrían solo a un autoengaño y carecerían de validez científica.

La única forma de responder satisfactoriamente a preguntas como estas desde un punto de vista científico sería realizando estudios prospectivos como los que intentaré describir con más detalle en el Apéndice. Por ejemplo, cabe investigar los próximos doscientos cincuenta casos de intentos logrados de resurrección cardiopulmonar en un hospital determinado, en condiciones controladas, y para comprobar unas hipótesis experimentales dadas.

A pesar de la falta de pruebas estadísticas, creo que las experiencias de casi muerte como las por mí descritas son bastante corrientes en las personas que han sido «resucitadas». Me atrevo a predecir que cualquier investigador que inicie un estudio de este tipo con buena disposición e interés se encontrará con un amplio número de casos.

¿Ha entrevistado alguna vez a una persona acerca de una experiencia de casi muerte poniéndola en situación de hipnosis?

En cierta ocasión pensé que, con pacientes que lo aceptaran voluntariamente, este podría resultar un método fructífero de investigación. De hecho, me encontraba en las etapas preliminares de la planificación de una investigación de este tipo en colabaración con un hipnotizador médico hábil y experimentado. No obstante, se nos ocurrió que, teóricamente, podría resultar peligroso devolver a una persona al momento de su muerte clínica, pues el subconsciente se toma las sugerencias hipnóticas muy al pie de la letra. Además, la sugestión hipnótica puede tener efectos sorprendentes y muy extraños sobre el organismo y su funcionamiento. Se dice, por ejemplo, que se puede conseguir que en la piel de una persona hipnotizada aparezca una ampolla limitándose a sugerirle que se le ha rozado con un objeto muy caliente.

En vista de ello pensamos que, obedeciendo a la sugerencia de volver mentalmente al momento de su «muerte» clínica, una persona podría experimentar todos los sufrimientos e incidencias de la muerte. Por tanto, no pusimos nunca en práctica este experimento. Hace muy poco tiempo me he enterado de que un experimento de este tipo terminó con un paro cardiaco del paciente, que tuvo que ser reanimado. Ni que decir tiene que desapruebo este tipo de experimentos.

¿Se debería informar de estas experiencias a pacientes clínicamente desahuciados?

Esta es una pregunta que me han formulado varios médicos. Ni yo mismo he llegado a encontrar una respuesta satisfactoria, pues se dan numerosas variables. Por el lado negativo, cabe argumentar que el conocimiento de las mismas puede trastornar a personas que crean en una teología fija que mantenga que, después de la» muerte, se producen hechos de tipo muy distinto, o que no ocurre nada en absoluto. En este caso cabe argumentar que no se les debería informar, pues puede desconcertarlos, especialmente si han llegado ya a aceptar la muerte por otras vías.

Por otro lado, he escuchado razonamientos en el sentido de que hay personas a las que sí se deberían comunicar estas experiencias, pues si no son ciertas, y no hay nada más allá de la muerte, no se las hace daño alguno, mientras que si lo son, la gente puede estar mejor preparada para lo que les espera. El *Libro Tibetano de los Muertos* se escribió aparentemente con este fin. Una de las ideas en que se basaba era que podía ser leído por los que se estaban muriendo —que podían seguir leyéndolo algún tiempo, aun después de muertos—, con lo que disminuiría su desconcierto ante los diferentes trances por que iban atravesando.

Creo que la respuesta definitiva a esta pregunta depende del tipo de personas de que se trate. Los médicos tendrían que basarse en su diagnóstico clínico, en su conocimiento de la personalidad del paciente, y en la relación concreta entre doctor y paciente que se haya establecido.

En cualquier caso, dentro de muy poco esta cuestión puede resultar puramente académica, pues estas experiencias resultan cada vez más conocidas. Cabe mencionar a este respecto la propuesta formulada por una pediatra que ha tenido que ocuparse de numerosos pacientes el clínicamente desahuciados. Sugiere que las personas que han tenido experiencias de casi muerte las comparten con individuos el clínicamente desahuciados que muestran interés por escucharlas.

¿Cómo debe uno responder cuando un conocido, o un paciente, le cuenta una experiencia de este tipo sin habérselo pedido?

Esta cuestión se me ha planteado de un modo muy personal. Aunque parezca extraño, no he entrevistado a ningún paciente a quien yo mismo hubiese contribuido a devolver la vida. No obstante, durante mi formación médica me encontré con dos pacientes que, espontáneamente, me relataron experiencias de casi muerte. En ambos casos las experiencias habían tenido lugar algunos meses antes y en ninguno de ellos le había preguntado yo al paciente nada relacionado con este tema. Se limitaron a recordar sus experiencias en el transcurso de una conversación como la que habitualmente mantiene un médico con su paciente.

Encontré ambos casos sorprendentes, ya que parecían confirmar mi teoría de que la causa de que los médicos no hayan reparado hasta ahora mucho en este fenómeno radica simplemente en que no prestan atención cuando sus pacientes les cuentan este tipo de sucesos.

Uno de los pacientes era un hombre de edad avanzada, con una enfermedad de la piel; el otro, un muchacho de doce años, con discapacidad mental, con una enfermedad endocrina congénita. Ninguno de ellos sabía que yo había estado realizando un estudio sobre las experiencias de casi muerte. Ambas confesiones me cogieron tan de sorpresa, que no llegué a hacer nada en relación con las mismas. En los dos casos me limité a formular algún inocuo comentario del tipo de «¡Qué interesante!», y no fui más allá. Supongo que en aquella época consideré que los pacientes buscaban ayuda para un problema médico concreto y que la clínica no era el lugar más adecuado para proseguir este tipo de conversación. Tampoco sugerí a ninguno de los dos pacientes que ya había tenido conocimiento de experiencias de este tipo con anterioridad.

Cuando pienso en ello, me siento culpable por no haber compartido mis conocimientos sobre el tema con estas dos personas. Quizá el mejor apoyo que podría haberles prestado hubiera sido hacerles saber que estas experiencias les habían ocurrido también a otros.

Actualmente pienso que, dependiendo siempre de la relación concreta entre médico y paciente, se puede responder diciendo más o menos lo siguiente: «Esas experiencias existen, y son muchos los que han informado acerca de las mismas. Aunque, desde un punto de vista científico y médico, no se puede dar una explicación concreta de qué representan, la experiencia debe haber significado mucho para usted. En último extremo, usted mismo será quien tenga que comprenderla e interrogarla dentro de su propia vida. Puede servirle de ayuda la lectura de los grandes textos religiosos y la discusión con otras personas que hayan tenido también estas experiencias, o que hayan investigado o reflexionado sobre las mismas».

¿Afecta el hecho de que uno conozca tales experiencias a los cuidados que presta a un paciente agonizante?

Este es un tema muy complejo. Una de las cosas que se me ocurre es que se deberá ser muy prudente con lo que se dice durante los intentos de resurrección, aunque parezca obvio que el paciente es irrecuperable. Muchos médicos se han quedado de piedra al oír a sus pacientes repetir sus observaciones después de una reanimación conseguida. Conozco un médico que en su vida profesional tiene que tratar a numerosos pacientes clínicamente desahuciados. Aun antes de leer mi estudio, conocía muchas experiencias como las descritas por mí. Ha tomado la costumbre de permanecer con sus pacientes durante un rato después de su muerte, y seguir hablándoles. Lo más interesante es que lo hace, a pesar de que personalmente cree que las experiencias de casi muerte no son nada más que procesos fisiológicos que continúan durante un tiempo en la mente incluso después de haberse parado el corazón.

¿Qué implicaciones contienen los estudios de los fenómenos de casi muerte para los problemas éticos relativos al mantenimiento artificial de la vida, aun después de que las funciones cerebrales hayan quedado irreversiblemente dañadas?

Las implicaciones de estos estudios pueden ser muy importantes para los casos de mantenimiento artificial de las funciones vitales. No obstante, en el momento actual la investigación en este campo se halla todavía en una etapa tan rudimentaria que no cabe extraer conclusión alguna. Aun en el caso de que se diera como hecho científico probado la realidad de los fenómenos de casi muerte, y no como algo perteneciente al campo de lo anecdótico y puramente especulativo, persistirían los dilemas éticos.

No obstante, con respecto a la cuestión concreta de la eutanasia mi opinión es más dogmática. Me opongo a la misma por razones éticas, y no la recomendarla en ninguna circunstancia.

Formo parte de un equipo médico de urgencia y tengo muchas veces que participar en la reanimación de pacientes aparentemente muertos. Me preocupa mucho que algunos de estos pacientes me digan, como ocurre en ocasiones, que les molestaron nuestros esfuerzos por devolverles a la vida, ya que estaban teniendo una de estas experiencias. ¿Cómo se puede resolver emocionalmente este problema?

Yo también he oído historias de este tipo, de labios tanto de médicos como de pacientes. No obstante, y por lo que yo sé, esta reacción ha sido solo momentánea. Las medidas de reanimación pueden molestarles de momento, pero al cabo de unas cuantas horas, días o semanas, su actitud varía. Se muestran, por lo general, muy agradecidos de que se les haya concedido una «segunda oportunidad».

Algunos de sus pacientes han dicho que de estas experiencias dedujeron que las dos metas más importantes en la vida eran la capacidad de amar a los demás y la acumulación de conocimiento. ¿Podría contar más cosas al respecto? ¿Qué tipo de amor? ¿Qué clase de conocimiento?

Tanto *amor* como *conocimiento* son palabras sumamente ambiguas. Aunque expresan conceptos muy distintos, las palabras griegas *philos, eros* y *agape* pueden traducirse las tres por *amor*. Por el tono de las personas que cuentan estas experiencias, deduzco que el tipo de amor en que piensan se aproxima más al concepto de *agape*. Puede caracterizarse, en términos generales, como el tipo de amor desbordante, espontáneo e inmotivado que se siente hacia los demás, a pesar de sus defectos.

De modo parecido, las palabras griegas *episteme* y *techne,* de significado también muy distinto, se traducían ambas por «conocimiento». Tal como se deduce de los términos derivados «tecnología» y «técnica», *techne* tiene fundamentalmente que ver con lo que cabría calificar como aplicación del conocimiento. *Episteme* se refiere más a los tipos de conocimiento fáctico y teórico. Oyendo los relatos de experiencias de casi muerte, la impresión que saco es que el tipo de conocimiento al que se refiere la gente tiene más que ver con este segundo concepto. Nadie parece volver a la vida con el deseo apasionado de, por ejemplo, aprender a montar en bicicleta, a pesar de que puede calificarse de «conocimiento» el saber montar en bicicleta.

Últimamente le he venido pidiendo a la gente que ha tenido experiencias de casi muerte que expliquen lo mejor que puedan el tipo de amor y de conocimiento que consideraban tan importante. Uno de ellos era un individuo de unos cuarenta años que había sufrido un grave accidente de coche. Lo llevaron a un hospital en el que le consideraron insalvable, pero «resucitó». En una entrevista mantenida un mes después, me manifestó lo siguiente:

[Sobre el amor] Bien, me preguntó sobre el amor. ¿Hasta qué punto había aprendido a amar? Lo que me preguntaba me parecía entonces evidente, pero ¡resulta tan difícil de explicar ahora! Deseaba hacerme comprender que se trataba de la clase de amor que no tiene nada que ver con humillar o rebajar a la gente. Lo que me preguntaba es si podría amar a la gente, a pesar de conocerla bien, a pesar de sus defectos.

[Sobre el conocimiento] También se mencionó los conocimientos que había adquirido... ¿Qué tipo de conocimiento? Bueno, resulta difícil de explicar, ya sabe. Pero el conocimiento de las cosas básicas, de las causas de las cosas, los principios universales básicos..., de los factores que hacen que siga funcionando el universo... Se me dijo que eso sería importante allí también...

Los fragmentos que reproduzco a continuación pertenecen a la entrevista mantenida con un ama de casa de casi cuarenta años, que había tenido complicaciones tras una operación quirúrgica y sufrido un paro cardiaco.

[Sobre el amor] Me mostró todo lo que había hecho, y luego me preguntó si estaba satisfecha con mi vida... Le interesaba el amor. Se trataba de amor. Y se refería a esa clase de amor que me impulsa a enterarme si mi vecino está bien alimentado y vestido, y a desear ayudarle si no es así.

[Sobre el conocimiento] El tipo de conocimiento a que se refería era el conocimiento más profundo, el relacionado con el alma...; sabiduría le llamaría yo.

Es evidente que, en las revisiones de sus vidas de que estas personas habían sido testigos, el objetivo en que se ponía más énfasis era el del amor. Cuando el ser luminoso mencionaba el conocimiento, solía hacerlo de forma casual y como de pasada. Parecía dar a entender que el aprendizaje no era algo que se detenía cuando la gente moría, sino que proseguiría, aun cuando fuesen a permanecer allí para siempre.

Conviene tener en cuenta que la discusión se ve complicada por el hecho de que la gente suele afirmar que para poder expresar plenamente todo el impacto de su experiencia necesitarían un lenguaje que supera sus capacidades. Las palabras que son capaces de emplear resultan inadecuadas. De hecho, las realidades últimas a que se refieren son inaprehensibles.

Existe otra palabra griega, *sophia,* que también se refiere al conocimiento. Podría traducirse por «sabiduría», y resulta muy significativo que este sea precisamente el término que aparece en uno de los relatos aquí citados. Tanto *sophia* como «sabiduría» poseen, si es que se puede decir de este modo, una dimensión ética aparte de la puramente fáctica. Se suele entender que un hombre sabio es aquel que no solo posee conocimientos, sino que es también capaz de aplicarlos de forma moralmente correcta. La narración citada da a entender un aspecto moral en la acumulación de conocimiento.

¿Puede la gente tener experiencias parecidas o idénticas a las que usted ha descrito sin necesidad de «morir» o de ni tan siquiera estar cerca de la muerte?

Parece ser que sí. Mucha gente me ha relatado experiencias de encontrarse fuera de su propio cuerpo que se produjeron espontáneamente. La gente que las tuvo no estaba clínicamente «muerta», ni tan siquiera enferma o en dificultades. Además, en la mayoría de los casos no eran algo buscado. Se produjeron de forma absolutamente sorpresiva.

Las experiencias de casi muerte se parecen también en muchos aspectos a las visiones místicas y religiosas descritas por los grandes profetas del pasado. Sin duda se podrían citar muchos más ejemplos de similitudes. No obstante, no he buscado relatos de este tipo, ni buceado en los que me han sido comunicados. Esto no se debe a que no esté interesado en ellos, sino simplemente a que he encontrado materiales más que suficientes que me mantengan ocupado centrándome en aquellos en los que se produce un encuentro en los umbrales de la muerte.

Si se me pidiera que explicase estas similitudes y se me permitiera echar la imaginación al vuelo, se me ocurrirían muchísimas posibles explicaciones. Supongamos, por ejemplo, que existe una continuación directa de la vida tras la muerte física. Si es así, debe haber algún mecanismo, corporal o espiritual, o puede que de ambos tipos, que, en el momento de la muerte, libere la psiquis, el alma (o lo que quiera llamársele). Pero no pensemos que nuestros mecanismos corporales funcionen a la perfección todo el tiempo. Los órganos de nuestro cuerpo funcionan mal en ocasiones y nuestra razón, percepción o pensamiento nos pueden inducir a veces a error. Análogamente, no tenemos ninguna razón para dar por sentado que este hipotético mecanismo que libera el alma del cuerpo funcione a la perfección en todo momento. ¿No puede ser que diferentes tipos de situaciones, tensiones, etc., provoquen algunas veces un funcionamiento prematuro de este mecanismo? Si fuese así, se explicaría la similitud entre las experiencias de casi muerte y los demás tipos de experiencias, como la de sentirse fuera del propio cuerpo. Podría explicar asimismo el hecho de que los fenómenos descritos por aquellos que se encuentran en situaciones de peligro de muerte, aun sin sufrir la menor lesión, sean idénticos a las experiencias de los que son reanimados tras una aparente «muerte» clínica.

Acaba de decir que las visiones místicas son en muchos aspectos similares a las experiencias de casi muerte. ¿En cuáles?

En esta época mucha gente parece identificar «misticismo» con el «misticismo oriental». Existe no obstante una larga historia de visiones místicas en la tradición occidental. San Agustín, San Francisco de Asís, Teresa de Avila, el maestro Eckhardt y Juana de Arco podrían ser calificados todos de místicos.

En su famoso estudio, *The Varieties of Religious Experience,* William James da la siguiente lista de características de las visiones místicas:

1. *Inefabilidad.* Uno de los rasgos por los que yo calificaría de místico un estado de la mente es de carácter negativo. El sujeto que lo ha experimentado afirma de inmediato que es imposible de describir, que las palabras no pueden reflejar ni remotamente su contenido...

2. *Intuición mental.* Los que pasan por esos trances parecen considerarlos también como estados de conocimiento. En ellos vislumbran profundas verdades inexplorables por el intelecto discursivo...

Estas dos características bastarían para calificar de místico un estado, al menos en el sentido que yo le doy a la expresión. Existen otras dos cualidades, mucho menos marcadas, pero que se suelen dar también. Son:

3. *Transitoriedad.* Los estados místicos no pueden prolongarse durante mucho tiempo. Salvo en raros casos, media hora o, como máximo, una hora o dos, parecen ser el límite tras el cual se disuelven en la luz de la vida cotidiana...

4. *Pasividad.* Aunque la aparición de los trances místicos puede propiciarse mediante operaciones voluntarias previas, como concen-

trar la atención, realizar determinados ejercicios físicos, u otras que prescriben los manuales de misticismo, una vez que se ha producido la característica pérdida de consciencia, el místico siente como si se le hubiese despojado de voluntad propia, y, de hecho, algunas veces como arrebatado y retenido por una fuerza superior. Esta segunda peculiaridad conecta los estados místicos con determinados fenómenos concretos de la doble personalidad o personalidad alternativa, tales como la capacidad para la profecía, la escritura automática o el trance de un médium. No obstante, cuando estos últimos rasgos están muy pronunciados, puede no recordarse luego en absoluto el fenómeno, y carecer de resonancia para la vida interior del sujeto, en la cual, por así decirlo, representa algo así como una interrupción. Los estados místicos propiamente dichos no son nunca una simple interrupción. Siempre queda algún recuerdo de su contenido y un profundo sentimiento de su importancia. Modifican la vida interior del sujeto en los intervalos de tiempo entre los cuales se producen. Resulta, sin embargo, muy difícil introducir divisiones tajantes en este campo, pues se encuentran en él todo tipo de matices y combinaciones[1].

Otros autores han apuntado características adicionales. Dos ejemplos son la alteración del sentido del tiempo y el espacio y, en muchos casos, el efecto integrador de la visión en la personalidad y consiguiente forma de vida del individuo en cuestión.

Todos los criterios anteriormente expuestos resultan de un modo u otro aplicables al caso de las experiencias de casi muerte. Existen no obstante otras características muy corrientes en las experiencias de casi muerte que no se describen de forma destacada como aspectos de las experiencias de los grandes místicos de la historia. La revisión global de la propia vida es una de ellas.

---

[1] William James, *The Varieties of Religious Experience*, New American Library, Nueva York, 1958), págs. 292-294.

¿Afirma la gente que su sentido del tiempo cambia durante estas experiencias?

Suelen informar que durante las experiencias de casi muerte el tiempo se altera. Esto aparece en lugar destacado en narraciones como la de una mujer que, en el transcurso de una aparente «muerte» clínica, creyó encontrarse en un medio paradisiaco. Cuando le pregunté cuánto tiempo le pareció que duraba, me respondió: «Se podría decir que un minuto o que diez mil años. Eso no cambia nada».

Asimismo, un hombre que se encontró atrapado en una explosión y un incendio, se sintió flotar por encima de su cuerpo y contempló cómo los demás corrían a salvarle. Dice que en ese momento lo que le rodeaba físicamente pareció desaparecer por completo, y se le presentó una revisión de toda su vida, mientras la «discutía» en presencia de Jesucristo. Cuando se le preguntó cuánto pareció durar esa revisión, señaló que si le obligase a decirlo en términos temporales tendría que fijarlo en una hora como mínimo. Sin embargo, cuando recibió la orden de volver y las imágenes desaparecieron, volvió a ver lo que le rodeaba físicamente. Las personas que corrían a salvarle le parecieron como «congeladas» en las mismas posturas en que las vio antes de iniciarse la visión. Cuando se sintió volver a su propia cuerpo, la acción se aceleró nuevamente.

Estos ejemplos y otros muchos ilustran que durante las experiencias de casi muerte, y utilizando las palabras de una tercera persona, «El tiempo allí no es como el de aquí». Cabe señalar que este es un rasgo más en el cual las experiencias de casi muerte se asemejan a las visiones místicas.

¿Experimenta dolores la gente que se siente fuera de sus cuerpos durante las experiencias de casi muerte?

Mucha gente me ha contado que mientras se sentían como fuera de sus propios cuerpos no experimentaban dolor alguno, aunque antes los dolores podían haber sido intensos. Algunos me han informado con asombro que, aunque podían ver a los médicos o a otro personal médico golpeándoles el pecho, clavándoles agujas en los brazos, etc., mientras se sentían como fuera de sus cuerpos todas esas actividades no les causaban dolor alguno. Por otro lado, me han contado que tan pronto volvían a sus cuerpos, se apoderaba de ellos el dolor.

Ha mencionado casos de experiencias de casi muerte de larga duración. ¿Cómo es posible que esta gente volviese a la vida sin que su cerebro resultase gravemente dañado?

Se pueden citar varias razones. En primer lugar, durante los procesos de reanimación sigue recibiendo sangre y, por tanto, el oxígeno y elementos vitales que esta contiene. En esto consiste el masaje cardiaco: en hacer que la sangre siga circulando aunque no lata el corazón.

En segundo lugar, otras condiciones, como, por ejemplo, las variaciones de temperatura, pueden afectar también al grado hasta el cual el cerebro pueda resultar dañado. El cerebro de una persona que justo antes de «morir» tuviese ciento cinco grados de temperatura (Fahrenheit) se deterioraría mucho más de prisa que el de una persona cuya temperatura se hubiese hecho descender.

En realidad, durante operaciones como las que se efectúan a corazón abierto se para el corazón durante largos periodos sin que resulte dañado el cerebro. Esto se consigue mediante el uso de técnicas hipotérmicas, reduciendo artificialmente la temperatura del cerebro.

Así, aunque muchos hayan oído que tras cinco minutos sin oxígeno los intentos de reanimación deben afectar necesaria mente al cerebro, se trata solo de una regla excesivamente simplificada. Cuando se estudia las complejas circunstancias de los intentos de reanimación, hay que tener en cuenta otros muchos factores de todo tipo. De hecho, entre los pacientes «resucitados» después de un paro cardiaco no suele ser frecuente que el cerebro resulte gravemente dañado.

Ha dicho usted que, debido a los avances en las técnicas de reanimación, las experiencias de casi muerte se han hecho mucho más corrientes en las últimas décadas. ¿Ha habido algún tipo de «resurrección» antes de la aparición de la medicina moderna?

La resurrección, de una forma u otra, es una técnica muy antigua. Escritos médicos fenicios de hace miles de años describían ya técnicas de resurrección mediante el boca a boca. En la Biblia, libro de los Reyes, 11,4:18-37, encontramos también el siguiente sorprendente relato:

> Y cuando el niño creció, se cayó un día, y entonces se dirigió a su padre, que estaba con los segadores, y le dijo: «¡Mi cabeza, mi cabeza!» Y el padre le dijo a un joven: «Llévalo con su madre». Y cuando le fue llevado a su madre, permaneció sentado en sus rodillas hasta mediodía, y entonces murió. Y ella se incorporó, lo dejó sobre el lecho, cerró la puerta y salió... Ensilló un asno y le dijo a su sirvienta: «Ve...» La sirvienta se dirigió al hombre de Dios... Y él se levantó y la siguió. Y cuando Elías llegó a la casa, vio que el niño estaba muerto, echado sobre el lecho. Entonces entró, cerró la puerta tras ellos dos y oró al Señor. Y luego se incorporó y se echó sobre el niño, puso su boca sobre la de él, y sus ojos sobre sus ojos, y sus manos sobre sus manos; y se extendió sobre el niño; y la carne del niño comenzó a calentarse. Luego se incorporó, recorrió la casa de un lado a otro, y volvió y se tendió nuevamente sobre el niño; este estornudó varias veces, y luego abrió los ojos. Y cuando la madre entró, le dijo: «Toma, he aquí a tu hijo». Ella cayó a sus pies, se inclinó hasta el suelo, cogió a su hijo y se marchó.

En el libro de los Reyes 1, 17, se encuentra una historia similar, aunque no tan pormenorizada. Un interesante detalle del párrafo anteriormente citado es que, al resucitar, el niño estornudase. Es una creencia popular de muchos pueblos que el estornudo representa una señal de que el alma ha vuelto a entrar en el cuerpo después de haberlo abandonado por breve tiempo. Este curioso pormenor refleja probablemente dicha creencia.

Entre las técnicas de reanimación conocidas y utilizadas en tiempos antiguos figuraba la aplicación de calor al abdomen de la víctima; otra era la flagelación: se golpeaba a la persona inconsciente con ortigas, en la esperanza de revivirla. No cabe duda de que se utilizaban también otros métodos, pero el que puede parecer más «científico» a nuestra forma de pensar es el descubierto por el médico renacentista Paracelso, un alemán que vivió entre 1493 y 1541. Introdujo el método de «resucitar» a los aparentemente muertos o casi muertos insuflándoles aire en los pulmones mediante un fuelle, instrumento que en aquella época, como en esta, se utilizaba para avivar el fuego de las chimeneas. Vesalius (1514-1564), otro destacado médico de la época, empleó también el fuelle como método de reanimación y realizó experimentos de respiración artificial. A partir de entonces el método del fuelle se utilizó en toda Europa durante varios siglos. Otras muchas técnicas, como hacer girar a una persona medio ahogada sobre un barril, o colocar a un individuo encima de un caballo y hacerlo trotar, han venido siendo empleadas en diversas sociedades a lo largo de los siglos. El método de volver a poner en marcha el corazón mediante inyecciones de adrenalina fue descubierto en 1905 por Winter.

Las técnicas de reanimación tienen una larga tradición, y no solo en las sociedades occidentales y judeocristianas, sino también en las que calificamos de culturas «primitivas». Por ejemplo, algunas tribus indias de América del Norte empleaban el sistema de introducir humo en el recto de la víctima por medio de un instrumento muy parecido a una jeringa. Aunque no parece plausible que esta técnica diese muchos resultados, se dice que fue empleada durante algún tiempo con éxito en las colonias americanas, e introducida en Gran Bretaña hacia finales del siglo dieciocho.

Como los contactos con la muerte son muy corrientes en todo tipo de sociedad, desde la más primitiva a la más desarrollada, me pregunto si las experiencias de casi muerte no pueden explicar en parte un concepto muy antiguo y extendido de la enfermedad. En todo el mundo, y desde los tiempos más remotos, muchas personas han creído que en ciertos casos la enfermedad se debía a que el alma abandonaba el cuerpo. Allí donde imperan estas creencias el tratamiento se encamina a convencer u obligar al paciente a que retorne a su cuerpo. Cabe mencionar otras creencias populares, como por ejemplo la de los habitantes de las Célebes, unas islas al este de Indonesia, que creen que cuando a una persona se la asusta repentina e inesperadamente el alma puede abandonar el cuerpo, y me pregunto si estas creencias no surgirán en parte de experiencias de casi muerte muy parecidas a las por mí estudiadas.

¿Cuál ha sido la actitud de los médicos hacia estas experiencias?

Como en el caso de los sacerdotes, los médicos constituyen un grupo enormemente variado de seres humanos, con distintas procedencias, intereses y personalidades. Como era de prever, sus respuestas han sido muy diferenciadas. No obstante, pueden clasificarse bastante bien en cuatro categorías, lo que facilita la tarea de analizarlas.

El primer grupo es el de los médicos que han tenido ellos mismos esta experiencia. Su actitud con respecto a la misma no parece ser en ningún sentido distinta a la de cualquier otra persona. Una característica que dos médicos resaltaron en su relato es que, a pesar de la abrumadora realidad de lo que estaban experimentando, su formación científica apenas les había preparado para comprenderla, ni tampoco les había dotado de un lenguaje en el cual expresarla. Cuando le pregunté a un médico sobre su actitud con respecto a su propia experiencia de sentirse fuera de su cuerpo, me respondió: «Como científico habría pensado que no podía ocurrir. ¡Pero ocurrió!»

El segundo grupo es el de los médicos que se han puesto en contacto conmigo para informarme de pacientes suyos que habían manifestado haber tenido estas experiencias. Algunos de ellos me ha señalado que ellos también recopilaron relatos de este tipo, que se habían sentido muy desconcertados por los mismos, y que les alegraba mucho saber que otros investigaron también en este campo.

Un tercer grupo ha manifestado una actitud religiosa hacia estos fenómenos. Creen que el hecho de que se produzcan experiencias de casi muerte confirma su propia fe religiosa en que existe una vida después de la muerte física.

El cuarto grupo se compone de los médicos que creen que las experiencias de casi muerte no son sino fenómenos médicos con los que estamos ya familiarizados. Piensan poder explicar las experiencias de casi muerte basándose en lo que ya sabemos científicamente acerca de la fisiología y de la psicología.

¿Puede citar algunos ejemplos de fenómenos médicos conocidos que se hayan ofrecido como explicaciones de estas experiencias?

Hay una lista casi inagotable de condiciones, conocidas por la Medicina, susceptibles de provocar experiencias que, en un sentido u otro, se asemejan a los fenómenos citados en algunos de los encuentros con la muerte. En *Vida después de la vida* estudié determinadas explicaciones farmacológicas, fisiológicas, neurológicas y psicológicas de las experiencias de casi muerte. No tendría ningún sentido analizar cada una de las posibles explicaciones por separado, pero sí señalaré que los dos campos de la Medicina que parecen terreno abonado para fenómenos muy parecidos a los de casi muerte son los derivados de la anestesiología y neurología. Soy por supuesto consciente de que las personas anestesiadas, especialmente con éter, suelen tener sensaciones como las de entrar en un túnel oscuro. No obstante, no creo que los efectos de la anestesia constituyan una explicación válida y total de las experiencias de casi muerte, ya que en el momento de tenerlas muy pocos de mis pacientes estaban bajo los efectos de ningún tipo de anestesia.

De modo similar muchos neurólogos me han venido informando a lo largo de los últimos años de que las experiencias de casi muerte tienen cierto parecido con los ataques cerebrales, especialmente con los del lóbulo temporal. Algunas similitudes evidentes son: 1) las personas con este tipo de ataques suelen informar de que van precedidos por un gran «ruido»; 2) el lóbulo temporal desempeña un gran papel en la función de la memoria, y las personas que han estado cerca de la muerte suelen hablar de una especie de «memoria panorámica o global».

Se podrían seguir buscando paralelismos casi indefinidamente. Cabe argumentar, por ejemplo, que la impresión de luz intensa a que se refieren estas personas se debe simplemente a la interrupción del suministro de oxígeno a los lóbulos occipitales —la zona del cerebro «asiento» de la visión—. Aparte de las ya mencionadas en *Vida después de la vida,* como la autoscopia, me gustaría añadir a la lista las experiencias transmitidas por algunos de sus pacientes al famoso neurocirujano, doctor Wilder Penfield. En una serie de experimentos que se ha hecho ya clásica el doctor Penfield estimuló determinadas áreas del cerebro de sus pacientes mientras estaban sometidos a una intervención quirúrgica. Al hacerlo, descubrió que en la conciencia del paciente se producía una intensificación de la memoria, que revivía hechos ya más que olvidados, que recordaba detalles muy completos y precisos de sucesos ocurridos hacia muchos años.

Personalmente sigo sin convencerme de que estos conocidos fenómenos neurológicos basten para «explicar» las experiencias de casi muerte. Tomemos, por ejemplo, la explicación del ataque cerebral. Este tipo de explicación se basa casi siempre en la premisa de que la causa concreta del ataque es la «anoxia cerebral» —la carencia de oxigeno por parte del cerebro—; pero hace caso omiso del hecho de que todos los fenómenos aludidos, el ruido, la memoria panorámica y la luz, han sido experimentados en situaciones de encuentros con la muerte en que llegó a producirse esta interrupción de riego sanguíneo al cerebro. Recuérdese que desde el primer momento puse de relieve que me he ocupado de experiencias de casi muerte en las que no tuvo lugar una muerte clínica aparente, y que estas contienen muchas de las características que se dan en los casos de dicha «muerte».

Algunos pueden plantearse ir aún más lejos e intentar explicar las experiencias de casi muerte en que se dieron los fenómenos de luminosidad, memoria panorámica y otros, sin que cesara el suministro de oxígeno al cerebro, diciendo que en estos casos la «tensión» provocada por la cercanía de la muerte fue lo que desencadenó los fenómenos cerebrales citados. Pero me temo que el concepto de *tensión* o *estrés* se ha generalizado tanto que no sirve ya como explicación. (En cualquier caso, cabría preguntar: «¿Qué clase de estrés?»)

Resultaría muy sencillo seguir y seguir formulando explicaciones de este tipo. No obstante, me parece también excesivamente facilón aceptarlas como evidentes sin prestar la adecuada atención a los factores o elementos de las experiencias de casi muerte que no se ajusten a la explicación propuesta. Por ejemplo, algunos médicos me han comunicado que no pueden entender cómo sus pacientes pudieron describir las cosas que describieron a menos que hubiesen estado flotando por la habitación justo debajo del techo.

Son también numerosas las personas que me han contado que mientras estaban fuera de sus cuerpos durante una «muerte» aparente fueron testigos de hechos que habían ocurrido lejos de ellos, incluso fuera del hospital, y que fueron posteriormente corroborados por los informes de observadores independientes. Creo que al menos deberíamos mantener nuestras mentes abiertas a la posibilidad de que tales sorprendentes corroboraciones puedan producirse en condiciones experimentales controladas.

Finalmente, debo señalar que estas explicaciones no impresionaron en lo más mínimo a las personas que han tenido ellas mismas estas experiencias. Un joven, reanimado después de una «muerte» aparente, reflexiona lo siguiente:

> Es curioso. Es como si se tratase de algo que no puede de ninguna forma existir y que, sin embargo, uno sabe que existe indudablemente.
>
> Ahora sé que hay mucha gente que se niega a creerlo... Personas que vienen y me dicen que científicamente no puede ser... Pero ¿sabe algo? Eso no cambia nada; pues tan seguro como de que estoy aquí sentado ahora, lo estoy de que, si volviese a morir, ocurriría exactamente lo mismo, solo que ahora podría observarlo mejor. Y me pueden decir que no es así, y me lo pueden jurar, y me lo pueden demostrar científicamente..., y lo único que contestaré es: «Bien, pero yo sé dónde he estado».

¿Cuál es su actitud personal hacia esta investigación? ¿Ha repercutido de algún modo en su propia vida?

Creo que a pesar de haber afirmado que no intento demostrar la existencia de una vida después de la muerte, y de haber formulado todas mis habituales matizaciones y salvedades, muchas de las personas con las que hablo siguen sintiéndose insatisfechas. Quieren saber lo que *creo yo,* Raymond Moody. Estimo la pregunta correcta, siempre que se comprenda que se trata de una cuestión puramente psicológica, y no de una conclusión lógica que yo intente imponer a nadie. A los interesados por estos detalles de carácter autobiográfico les digo lo siguiente: he llegado a aceptar como parte de mis creencias religiosas que existe una vida después de la muerte, y que el fenómeno que hemos venido analizando es una manifestación de esa vida.

No obstante, lejos de obsesionarme la muerte, deseo vivir. Y las personas a las que he entrevistado se mostrarían de acuerdo conmigo. Como consecuencia de haber pasado por este trance, el foco de su atención lo constituye la vida; pues todos nosotros estamos de momento en esta vida. Al mismo tiempo espero poder aplicar a mi propia vida las cosas que he aprendido durante esta investigación. Deseo seguir perfeccionándome en la medida de lo posible en los campos del amor a los demás y de la adquisición de conocimientos y sabiduría.

Pero también me preocupa mucho que las experiencias de casi muerte no sean pervertidas, transformándolas en la excusa para un nuevo culto. Este fenómeno no debería ser identificado conmigo o con cualquier otra persona que lo haya estudiado. La experiencia de casi muerte es sumamente común, y se necesitan perspectivas muy diferenciadas para poder abordarla en toda su complejidad.

Finalmente, en los últimos tiempos me he dado cuenta de que mi larga dedicación a este estudio me ha conferido una característica muy poco corriente: un elevado porcentaje de mis amigos han estado «muertos». Hablando con todas estas personas, he comenzado a descubrir cuán cerca estamos todos de la muerte en nuestra vida cotidiana. Y ahora más que nunca me preocupo de dar a conocer mis sentimientos a aquellos a quienes amo.

Epílogo

En el libro VII de *La República,* el filósofo Platón (428-348 a. de J. C.) creó para todos nosotros una poderosa y bella alegoría, que ha llegado a conocerse como el mito de la Cueva. Toma la forma de un largo diálogo entre el anciano maestro de Platón, Sócrates, y otro individuo llamado Glauco. Reproduzco aquí esta notable parábola sin ningún comentario. Su pertinencia resulta más que evidente:

—Ahora represéntate el estado de la naturaleza humana, con relación a la ciencia y a la ignorancia, según el cuadro que te voy a trazar. Imagina un antro subterráneo, que tenga en toda su longitud una abertura que dé libre paso a la luz, y en esta caverna hombres encadenados desde la infancia, de suerte que no puedan mudar de lugar ni volver la cabeza a causa de las cadenas que les sujetan las piernas y el cuello, pudiendo solamente ver los objetos que tienen enfrente. Detrás de ellos, a cierta distancia y a cierta altura, supón un fuego cuyo resplandor los alumbra, y un camino escarpado entre este fuego y los cautivos. Supón a lo largo de este camino un muro, semejante a los tabiques que los charlatanes ponen entre ellos y los espectadores, para ocultarles la combinación y los resortes secretos de las maravillas que hacen.

—Ya me represento todo eso.

—Figúrate personas que pasan a lo largo del muro llevando objetos de todas clases, figuras de hombres, de animales, de madera o piedra, de suerte que todo esto aparezca sobre el muro. Entre los portadores de todas esas cosas, unos se detienen a conversar y otros pasan sin decir nada.

—¡Extraños prisioneros y cuadro singular!

—Se parecen, sin embargo, a nosotros punto por punto. Por lo pronto, ¿crees que puedan ver otra cosa de sí mismos y de los que están a su lado, que las sombras que van a producirse enfrente de ellos en el fondo de la caverna?

—No.

—¿Ni cómo habían de poder ver más, si desde su nacimiento están precisados a tener la cabeza inmóvil?

—Sin duda.

—Y respecto a los objetos que pasan detrás de ellos, ¿pueden ver alguna otra cosa que las sombras de los mismos?

—No.

—Si pudieran conversar unos con otros, ¿no convendrían en dar a las sombras que ven los nombres de las cosas mismas?

—Sin duda.

—Y si en el fondo de su prisión hubiera un eco que repitiese las palabras de los transeúntes, ¿no se imaginarían oír hablar a las sombras mismas que pasan delante de sus ojos?

—Sí.

—En fin, no creerían que pudiera existir otra realidad que estas mismas sombras.

—Es cierto.

—Mira ahora lo que naturalmente debe suceder a estos hombres, si se les libra de las cadenas y se les cura de su error. Que se desligue a uno de estos cautivos, que se le fuerce de repente a levantarse, a volver la cabeza, a marchar y mirar del lado de la luz; hará todas esas cosas con un trabajo increíble; la luz le ofenderá a los ojos, y el alucinamiento que habrá de causarle le impedirá distinguir los objetos cuyas sombras veía antes. ¿Qué crees que respondería si se le dijese que hasta entonces solo había visto fantasmas y que ahora tenía delante de su vista objetos más reales y más aproximados a la verdad? Si en seguida se le muestran las cosas a medida que se vayan presentando, y a fuerza de preguntas se le obliga a decir lo que son, ¿no se le pondrá en el mayor conflicto y no estará él mismo persuadido de que lo que veía antes era más real que lo que ahora se le muestra?

—Así es.

—Y si se le obligase a mirar al fuego, ¿no sentiría molestias en los ojos? ¿No volvería la vista para mirar a las sombras, en las que se fija sin esfuerzo? ¿No creería hallar en estas más distinción y claridad que en todo lo que ahora se le muestra?

—Seguramente.

—Si después se le saca de la caverna y se le lleva por el sendero áspero y escarpado hasta encontrar la claridad del sol, ¿qué suplicio sería para él verse arrastrado de esa manera? ¡Cómo se enfurecería! Y cuando llegara a la luz del sol, deslumbrados sus ojos con tanta claridad, ¿podría ver ninguno de estos numerosos objetos que llamamos seres reales?.

—Al pronto no podría.

—Necesitaría indudablemente algún tiempo para acostumbrarse a ello. Lo que distinguiría más fácilmente sería, primero, sombras; después, las imágenes de los hombres y demás objetos pintados sobre la superficie de las aguas; y por último los objetos mismos. Luego dirigiría sus miradas al cielo, al cual podría mirar más fácilmente durante la noche a la luz de la luna y de las estrellas que a pleno día a la luz del sol.

—Sin duda.

—Y al fin podría, no solo ver la imagen del sol en las aguas y dondequiera que se refleja, sino fijarse en él y contemplarlo allí donde verdaderamente se encuentra.

—Sí.

—Después de esto, comenzando a razonar, llegaría a concluir que es el sol el que crea las estaciones y los años, el que gobierna todo el mundo visible y el que es, en cierta manera, la causa de todo lo que veía en la caverna.

—Es evidente que llegaría como por grados a hacer todas esas reflexiones.

—Si en aquel acto recordaba su primera estancia, la idea que allí se tiene de la sabiduría y sus compañeros de esclavitud, ¿no se regocijaría de su mudanza y no se compadecería de la desgracia de aquéllos?

—Seguramente.

—¿Crees que envidiaría aún los honores, las alabanzas y las recompensas que allí se daban al que más pronto observaba las sombras a su paso, al que con más seguridad recordaba el orden en que marchaban yendo unas delante y detrás de otras o juntas, y que en este concepto era el más hábil para adivinar su aparición, o que tendría envidia de los que eran en esta prisión más poderosos y más honrados? ¿No preferiría, como Aquiles en Homero, pasar la vida al servicio de un pobre labrador y sufrirlo todo antes de recobrar su primer estado y sus primeras ilusiones?

—No dudo que estaría dispuesto a sufrir cuanto se quisiera antes que vivir de esa suerte.

—Fija tu atención en lo que voy a decirte. Si este hombre volviera de nuevo a su prisión para ocupar su antiguo puesto en este tránsito repentino de la plena luz a la oscuridad, ¿no se encontraría como ciego?

—Sí.

—Y si cuando no distingue aún nada, y antes de que sus ojos hayan recobrado su aptitud, lo que no podría suceder sin pasar mucho tiempo, tuviese precisión de discutir con los otros prisioneros sobre estas sombras, ¿no daría lugar a que estos se rieran, diciendo que por haber salido de la caverna había perdido la vista, y no añadirían, además, que sería de parte de ellos una locura el querer abandonar el lugar en que estaban, y que si alguno intentara sacarlos de allí y llevarlos al exterior sería preciso cogerle y matarle?

—Sin duda[1].

---

[1] Platón, *La República o el Estado, op. cit.*

Apéndice

Consideraciones metodológicas

ME han sido hechas numerosas preguntas de naturaleza metodológica de personas interesadas en futuras investigaciones en el campo de los fenómenos de casi muerte. He reflexionado además mucho sobre estas cuestiones metodológicas, debido a que a mí personalmente me interesan mucho la lógica y los métodos científicos. He descubierto que estas preguntas pueden agruparse por lo general en cuatro campos: la clasificación, las técnicas para la realización de entrevistas, el método científico y propuestas para futuros estudios en este campo. Deseo ofrecer algunas de mis propias reflexiones a este respecto, en la esperanza de que puedan servir de ayuda a cualquier persona interesada en llevar a cabo estudios sobre los fenómenos de casi muerte y también a los lectores que, al tener una forma de pensar científica o lógica, puedan albergar preguntas sobre estos temas.

1. Clasificación

Tal como he indicado, no todo el mundo que ha estado muy cerca de la muerte informa de haber tenido una experiencia de este tipo; muchos afirman no recordar nada en absoluto de estos trances. Algunas personas sufren incluso una muerte clínica aparente y vuelven a la vida sin acordarse de haber tenido experiencia alguna durante todo ese tiempo. Por otro lado, como también he mencionado, existen personas que han informado de experiencias idénticas a las por mí descritas, aun sin haber estado, por lo que yo sé, cerca de la muerte, y ni siquiera enfermas. Además, las experiencias como las por mí estudiadas se han producido bajo un amplio abanico de situaciones que varían mucho de lo que se podría calificar vagamente de «proximidad» a la muerte.

Estos factores podrían engendrar una cierta confusión en la terminología empleada para discutir estos informes. Me gustaría proponer por tanto algunas definiciones y un esquema de clasificación que pueden contribuir a aminorar la confusión.

En primer lugar, cabria definir como «experiencia de casi muerte» cualquier experiencia perceptual consciente que tenga lugar en una situación de proximidad a la muerte. Esta situación podría calificarse a su vez como un acontecimiento en que una persona podría fácilmente morir o ser muerta —llegando incluso a creérsela o a considerársela como clínicamente muerta—, pero de la que sobrevive, continuando su vida física.

Supongo que de las listas de elementos comunes en las experiencias de casi muerte como los por mí citados en mi libro anterior se podría extraer una clasificación de las «experiencias de casi muerte». De forma rudimentaria, cabe agruparlas en los siguientes tipos de situaciones:

A) Una persona se encuentra en una situación en la que puede fácilmente morir o ser matada, aunque logra escapar ilesa. Suele informar de haber tenido la sensación subjetiva de que iba a estar muerto al poco tiempo. No obstante, y a pesar de todos los pronósticos, sale ilesa del trance.

B) Una persona está gravemente enferma o herida, hasta el punto de que sus médicos la consideran desahuciada. No obstante, no experimenta en ningún momento una muerte clínica aparente y, de hecho, llega a recobrarse.

C) Una persona está gravemente enferma o herida, y en un momento determinado se cumple alguno de los criterios necesarios para dictaminar la muerte clínica. Por ejemplo, que su corazón deje de latir o que deje de respirar. Sus médicos llegan incluso a creerla muerta. No obstante, se ponen en práctica métodos de reanimación, y nadie certifica realmente el fallecimiento. Las medidas de reanimación funcionan y vuelve a la vida.

D) Una persona está gravemente enferma o herida y, como en el caso anterior C en un momento determinado se cumple alguno de los criterios para determinar la muerte clínica. Se inician métodos de reanimación, pero parecen no funcionar y se abandonan. Sus médicos la consideran muerta, y se llega incluso a dictaminar su fallecimiento. Es incluso posible que se firme el certificado correspondiente. No obstante, en un momento posterior se reanudan las medidas de reanimación y la persona en cuestión vuelve a la vida.

E) Una persona está gravemente enferma o herida, y un momento determinado se cumple alguno de los criterios necesarios para determinar la muerte clínica. Como el caso parece insalvable, ni tan siquiera se llevan a cabo medidas de reanimación. Sus doctores la consideran muerta, y se llega incluso a dictaminar su fallecimiento. Es incluso posible que se firme el certificado correspondiente. No obstante, en un momento posterior se aplican medidas de reanimación y la persona en cuestión vuelve a la vida.

F) Una persona está gravemente enferma o herida, y en un momento determinado se cumple alguno de los criterios necesarios para determinar la muerte clínica. Pueden emprenderse o no medidas de reanimación, pero, en el caso de que así sea, se abandonan, y la persona en cuestión es considerada, o incluso dictaminada, muerta. No obstante, en un momento posterior desafía el dictamen de los médicos «resucitando» espontáneamente, sin que se le hayan aplicado métodos de reanimación.

He recopilado ejemplos de experiencias de casi muerte ocurridos en conexión con cada uno de los tipos de situaciones de casi muerte reseñados, salvo el F. Es decir, ninguno de los pacientes que me han relatado una experiencia la tuvieron durante una «muerte» de la que hubiesen revivido por sus propios medios. No obstante, las resurrecciones espontáneas de este tipo ocurren al parecer de cuando en cuando. He hablado con una persona que se «despertó» por sus propios medios después de haber sido dada por muerta, aunque no recuerda haber tenido ningún tipo de experiencia durante ese periodo de tiempo.

Algunos pueden preguntarse si la ausencia de casos de «recuperación espontánea» en mi estudio no implica que las experiencias de casi muerte no son simplemente resultado de las técnicas de reanimación; es decir, de algún efecto que, de una forma u otra, causan en el cerebro o en el cuerpo los procedimientos empleados. Esto me parece poco probable, por la simple razón de que se han producido experiencias de casi muerte en situaciones de los tipos A y B, en los que no se emplean medidas de reanimación.

Las descripciones de los tipos D y E plantean la cuestión de por qué se emprendieron o reanudaron las medidas de reanimación después de que una persona ha sido declarada muerta. En los casos por mí recogidos correspondientes a estas dos categorías las razones varían mucho. Por ejemplo, en un caso se comprobó que el dedo del paciente se contraía un par de veces después de declarársele muerto. Se inició la reanimación y vivió. En otro el médico se había dado ya por vencido y le había dicho a la enfermera: «Prepare el certificado de fallecimiento para las tres y cuarto, y lo firmaré». Poco después llegó a la conclusión de que no se atrevía a darle la noticia al hijo y a la esposa del paciente, pues conocía a la familia personalmente. Se consideró en la obligación de probar una vez más. Así lo hizo, y tras un buen rato de intentos de reanimación el paciente «volvió en sí». En un tercer caso un miembro del personal auxiliar presente instó desesperadamente el médico a que lo intentase de nuevo. Lo hizo y el intento dio resultado.

En lo que se refiere a los tipos del A al E puedo formular la siguiente observación: en general me parece que, según se avanza desde el tipo A al E, se va dando una progresión de lo que se podría calificar como profundidad o «totalidad» de las experiencias derivadas de un encuentro con la muerte. Por ejemplo, una persona que ha tenido una experiencia durante un encuentro del tipo A suele informar simplemente de haber contemplado una visión global de toda su vida, o de haberse sentido durante un breve tiempo como fuera de su cuerpo, mientras que los que estuvieron en situaciones progresivamente más próximas a la muerte incluyen en sus relatos muchos más de los elementos descritos. Las experiencias más completas y vívidas que haya escuchado jamás se produjeron en conexión con encuentros de los tipos D y E. Por otro lado:

1) Por lo que yo sé, y aun en los casos por mí recogidos, esta no es una correlación *necesaria*, pues me he encontrado con personas a las que se dio por muertas y que revivieron y se acuerdan de muy pocos o ninguno de los elementos de la experiencia, así como con personas que tuvieron experiencias más completas en situaciones de los tipos A y B.

2) El establecimiento de correlaciones generales entre el tipo de situación y la «profundidad» de la experiencia solo se podrá realizar mediante estudios científicos que yo no he podido poner en práctica todavía, pero que intentaré describir más adelante en este mismo Apéndice.

2. Técnicas para las entrevistas

Se podría afirmar, y con razón, que el método de las entrevistas representa una forma muy poco fiable de recopilar informaciones científicas. Por tanto, no me sorprende que numerosos profesionales de la medicina interesados en el tema me pregunten frecuentemente: «¿Cómo es que va usted por ahí, entrevistando a esa gente?»

Viéndolo retrospectivamente, me parece que esta pregunta es muy ambigua; contiene al menos dos sentidos distintos, y deseo discutir ambos. El primero es: «¿No es posible que, formulando determinado tipo de preguntas, sea usted mismo el que meta esas historias en la cabeza de la gente?»

Así formulada, la pregunta plantea un tema muy real e interesante. Las preguntas suelen sugerir respuestas. Creo que para abordar correctamente este problema conviene formular unas cuantas observaciones sobre el concepto de pregunta en general. Las preguntas son, en efecto, funciones muy complejas del lenguaje. Probablemente, resulta imposible encontrar una pregunta que no contenga ningún oponente aseverativo —es decir, que no transmita información—, bien explícitamente en la propia formulación verbal, bien implícitamente en el contexto en que se encuadra la pregunta.

Diría, pues, lo siguiente: desde cierto punto de vista, la técnica de la entrevista es científicamente defectuosa; como se basa en las preguntas, y estas contienen siempre información, teóricamente surgirá siempre la duda de si la información que parece proceder del entrevistado no habrá sido sugerida por el entrevistador por medio de sus preguntas o de algún otro tipo de recurso.

Como me interesa mucho la lógica y la metodología en general, durante mucho tiempo mi primer impulso fue responder a esta pregunta, originalmente ambigua, como si ya hubiese analizado su primer significado. No obstante, mi respuesta parecía dejar bastante insatisfecho al médico o estudiante de medicina que me había preguntado. Reflexionando sobre ello, y sabiendo que en el campo de la medicina muchas personas se sienten sumamente angustiadas por el tema de la muerte, se me ocurre que probablemente estaban formulando una pregunta muy distinta; de hecho: «¿Cómo diablos se le ocurre sacarle a una persona un tema de conversación tan obsceno como el de su propia muerte clínica?»

Cabe por tanto desglosar la pregunta original en dos distintas, la primera de las cuales tiene un sentido más bien lógico y la segunda un impacto mucho más emocional. Las técnicas que empleo en mis entrevistas pretenden responder a estos dos aspectos.

Empezaré diciendo que cuando inicié mi estudio el tema del mismo no había sido abordado por casi nadie. No se había escrito por tanto ningún manual sobre cómo entrevistar a las personas que vuelven del reino de los muertos. Tuve que aprender basándome en mis propias experiencias —lo que, de hecho, sigo haciendo—, pero he podido formular ya algunas reglas y directrices generales. Espero y confío en que serán modificadas y enriquecidas por otros investigadores.

La primera regla es la siguiente: hay que actuar con gentileza. La gente se muestra reacia a hablar sobre estos temas por temor a verse ridiculizado o a que los demás no les crean. Estoy seguro de que si me hubiese mostrado hostil o inquisitorial con respecto a los entrevistados, intentando buscar contradicciones en lo que dicen, etc., no hubiese llegado nunca a ninguna parte.

En segundo lugar, si se siente incómodo hablando con la gente de sus experiencias, recuerde que puede deberse muy bien a su propio miedo a la muerte. Yo he descubierto que las personas que han tenido experiencias de casi muerte rara vez muestran el mismo tipo de pavor ante la muerte que parece poseernos a muchos de nosotros.

En tercer lugar, y a la luz del problema de las preguntas anteriormente mencionado, creo que lo mejor que podemos hacer es formular preguntas que pongan de relieve la función imperativa y minimicen la de transmisión de información en la medida de lo posible. Se debería iniciar la entrevista con preguntas inconclusas y dejar las más concretas para más adelante.

Yo siempre empiezo con una pregunta lo más neutra posible: por ejemplo: «¿Me podría contar lo que ocurrió?» En un par de casos formulé preguntas mucho más cargadas de intención. Esto se debió a que las personas entrevistadas se hallaban todavía en el hospital, recuperándose de las enfermedades que les habían llevado a los umbrales de la muerte. Sufrían grandes dolores, pero a pesar de ello era evidente que deseaban fervientemente hablar. Reconozco que fui yo quien guió la conversación, pero solo porque quería terminar las entrevistas lo más rápidamente posible, para que pudiesen descansar. En estos casos les pregunté si en sus experiencias de casi muerte se habían dado determinados elementos o factores propios de este tipo de experiencias. No obstante, si no se acordaban de ellos, decían simplemente que no. Esto me estimula en cierta medida, pues parece confirmar mis puntos de vista.

3. El método científico

Una objeción para considerar los relatos de experiencias de casi muerte como prueba de la existencia de otra vida es que se trata de casos anecdóticos. El método científico limita mucho el empleo de los testimonios humanos como pruebas. Hay al menos tres buenas razones para ello:

1) La gente miente en ocasiones.
2) Muchas veces la gente recuerda o interpreta mal las cosas que le ocurren.
3) La gente sufre a veces alucinaciones o espejismos, especialmente cuando está sometida a una gran tensión o *estrés*.

De hecho, dada la falibilidad general de los testimonios humanos, algunos pueden llegar a afirmar que informes como los por mí recogidos carecen totalmente de valor.

No obstante, conviene contrarrestar este punto de vista con algunas observaciones. En primer lugar, ha ocurrido de cuando en cuando que la ciencia se ha equivocado por no prestar mayor atención a los testimonios humanos. Por ejemplo, hasta las prime· ras décadas del siglo diecinueve la ciencia se negó a creer y refutó la posibilidad de la existencia de meteoritos (piedras o rocas que caen a la Tierra procedentes del espacio exterior). Persistían, sin embargo, las leyendas populares de piedras que caían del cielo, a pesar de la insistencia de los científicos en que era imposible. (Argumentaban que no podían caer piedras del cielo, pues en el cielo no había piedras.) Finalmente, dos profesores de Princeton contemplaron la caída de un meteorito y recogieron los fragmentos para poder analizarlos en la universidad.

El rechazo de los testimonios humanos como prueba suele constituir un arma de dos filos. Supongamos que como es cierto que muchas veces la gente miente, se equivoca, etc., podemos evitar el error no aceptando los testimonios humanos. No obstante, y por la misma razón, como es igualmente cierto que en otras ocasiones la gente es sincera, interpreta correctamente lo que les pasa, etc., negándonos a aceptar lo que nos cuentan corremos el riesgo de ignorar una verdad.

Además, en muchos casos lo único con que contamos para avanzar en determinados campos son los testimonios humanos, y la supervivencia después de la muerte física es ciertamente uno de ellos. Evidentemente, los informes de las personas que han estado cerca de la muerte no constituyen una prueba o evidencia al respecto; pero si, como hemos descubierto, sus distintos informes concuerdan a la perfección, tenemos todo el derecho a sentirnos impresionados por esta realidad, aunque no sea prueba de nada.

Finalmente, el que nuestras actuales metodologías científicas y sistemas conceptuales no sirvan para abordar un fenómeno generalizado, no debe llevarnos a rechazarlo. Lo ideal sería que este hecho nos incitase a inventar nuevos conceptos y nuevas técnicas de investigación que no contradigan, sino que se apoyen en aquellas a que estamos ya acostumbrados y las hagan avanzar.

Yo he sido el primero en reconocer que el estudio que he efectuado no es estrictamente «científico», y eso por muchas razones; por ejemplo, la muestra de pacientes a los que he entrevistado no es verdaderamente aleatoria, sino que en su elección han intervenido otros muchos factores, aparte de la casualidad. También, y como hemos visto, mi estudio se compone de informaciones de carácter anecdótico, que no representan pruebas científicamente admisibles.

Algunas de estas deficiencias son solucionables, pues se deben a mis propias limitaciones de tiempo y recursos. Existen, no obstante, otros problemas derivados de la propia naturaleza del tema estudiado que harían sumamente difícil, si no imposible, llevar a cabo una investigación indudablemente científica en condiciones experimentales adecuadamente controladas. Estos problemas son de carácter moral y de procedimiento. ¡Evidentemente, no podemos poner a un número estadísticamente significativo de personas en estado de muerte clínica para poder registrar sus impresiones sobre una supuesta resurrección!

Las situaciones clínicas en que se dan no son medios experimentales controlados, sino más bien casos de emergencias médicas. El primer deber de un médico y del personal auxiliar en esas circunstancias es, y debe ser, salvar al paciente, intentar revivirle. No es tarea suya realizar experimentos relativos a la naturaleza o validez de las experiencias de casi muerte.

Parece que lo único claramente dentro de las fronteras de lo moralmente aceptable es la recogida de datos una vez que el paciente haya vuelto a la vida. Pero los datos muchas veces se producen durante los mismos intentos de reanimación, y no por que se haya pretendido hacerlo así para fines científicos, sino más bien como consecuencia o resultado secundario de las medidas terapéuticas o de diagnóstico adoptadas. Por ejemplo, los registros clínicos pueden mostrar muchas veces por qué una persona «murió» o estuvo muy próxima a la muerte, cuánto tiempo permaneció en ese estado, cómo salió de él, cuáles fueron sus primeras respuestas al recuperarse, qué drogas o medicamentos se le administraron, etc. Datos más exactos son los que pueden suministrar las máquinas EEG o EKG, como temperatura y presión sanguínea registradas, los resultados de cualquier prueba de laboratorio realizada antes de la emergencia, etc. Cabe pensar que los avances en la tecnología o instrumentos de reanimación logren que en un futuro próximo estos datos sean todavía más fiables y fáciles de obtener.

4. Sugerencias preliminares para futuras investigaciones

Dada la disponibilidad de datos como los anteriormente mencionados, y posiblemente de otros tipos, ¿cómo se pueden estudiar las experiencias de casi muerte? Una posibilidad es la formación de un grupo interdisciplinario de estudio en el que colaboren representantes interesados por el tema procedentes de numerosos campos. Entre estos deberían figurar la medicina, la fisiología, la farmacología, la filosofía, la psicología, la psiquiatría, la antropología, la religión comparativa, la teología y el clero.

Un grupo de estas características podría abordar un gran número de tareas. Entre ellas figuran las siguientes:

A) Recopilar de forma más sistemática y organizada ejemplos de experiencias de casi muerte. Por ejemplo, sería interesante contactar con los médicos y el personal auxiliar de los hospitales y pedirles que pregunten a todos los pacientes que reaniman si han tenido alguna experiencia, y que registren sus respuestas; o pedirles que permitan a un equipo de investigadores contactar al paciente para averiguar si ha tenido o no una experiencia de este tipo.

Nota: Los casos en que no se hubiese dado experiencia alguna serían también interesantes para los estudios comparativos.

B) Buscar y recopilar registros clínicos del tipo de «después de la emergencia» anteriormente citado para el mayor número posible de experiencias de casi muerte. Eso sería valioso, como prueba de que la persona que describe una experiencia realmente «murió» o estuvo muy próxima a la muerte. Además, estos datos posibilitarían la elaboración de una tabla estadística más fiable del estado clínico de las personas que han tenido estas experiencias, y contribuiría a revelar si cabe esperar algún modelo o pauta relativo a la causa de la muerte, la edad en el momento de la experiencia, los métodos de reanimación adoptados, etc. Cabría establecer una correlación estadísticamente mejor que la mía sobre el periodo de tiempo en que una persona permanece en ese estado de crisis fisiológica y la profundidad o intensidad de su experiencia.

C) Realizar una investigación sobre los casos en que, con total independencia, se dé una convincente coincidencia de datos. Se podrían elaborar casos «ideales» que se ajustasen a normas o pautas como las siguientes:

1) En una unidad de cuidados intensivos un individuo, Mr. A., está siendo tratado por un equipo médico a causa de una grave crisis. Como su tratamiento ha durado ya cierto tiempo, se tuvo ocasión de graduar cuidadosamente los instrumentos, de que el equipo médico pueda controlar su estado, etc. Por tanto, los contadores proporcionan información acerca de la presión sanguínea y la respiración, mientras que un EKG controla el funcionamiento de su corazón y un EEG mantiene al personal informado sobre su actividad cerebral. En un momento concreto, Mr. A. sufre un paro cardiaco y respiratorio que resulta clínicamente visible, y que es también registrado por los aparatos. Alguno de los presentes es testigo, y deja constancia de que las pupilas de Mr. A se dilatan y de que la temperatura de su cuerpo comienza a descender. Se inician de inmediato medidas de reanimación, y al cabo de un determinado periodo de tiempo tienen éxito. Mr. A. se recupera.

Poco después Mr. A. informa a sus médicos de haber tenido una experiencia fantástica mientras estuvo «muerto»; que le pareció salir de su propio cuerpo y contemplar los intentos de reanimación desde otro punto de vista. Manifiesta que, en este estado, salió de la sala y marchó a otro lugar, en el que fue testigo de algún hecho desacostumbrado, que pasa a describir detalladamente.

No solo el personal médico está de acuerdo en que el relato que hace Mr. A. de sus actividades de reanimación se ajusta a la realidad, sino que una comprobación inmediata determina que el suceso que afirma haber contemplado mientras estuvo fuera de la sala ocurrió casi exactamente allí y como él dijo. Cabe demostrar asimismo que el hecho tuvo lugar en el preciso momento en que Mr. A. estuvo en un estado de muerte clínica, según atestiguan las líneas planas de los aparatos EEG y EKG.

2) Supongamos que dos o más personas experimentan simultáneamente una «muerte» clínica y son luego resucitadas. Esto podría ocurrir, por ejemplo, en el transcurso de algún tipo de accidente masivo, o si diese la casualidad de que dos o más personas «muriesen» al mismo tiempo en el mismo centro u hospital. Supongamos, además, que tan pronto volviesen a la vida informasen, estando todavía aislados el uno del otro, que se habían comunicado entre sí mientras estaban fuera de sus cuerpos. Manteniéndoles aislados, sería posible registrar sus manifestaciones de forma independiente. Si coincidieran, el hecho sería de la mayor importancia e interés.

No obstante, ninguno de estos dos tipos de casos constituirían necesariamente una prueba de la existencia de otra vida después de la muerte, ya que la percepción extrasensorial podría ser una posible explicación de estos dos casos «ideales». Siempre se podría pensar que los pacientes pudieron observar todo lo que observaron no saliendo realmente de sus cuerpos, sino telepáticamente, recogiendo los pensamientos de personas que estaban allí físicamente.

No pretendo afirmar que haya probabilidad de que los investigadores descubran casos tan perfectos como los anteriormente expuestos; lo que sugiero es que deben formular una serie de modelos teóricos. Utilizándolos como norma, podrían comparar los casos reales entre sí y con los «modelos» y descubrir una «regla o medida» para clasificar estas experiencias.

D) Los investigadores especializados en psicología podrían entrevistarse a fondo con los pacientes que han estado en el umbral de la muerte; de este modo les sería posible descubrir valiosas claves, como, por ejemplo, en qué medida ha cambiado el carácter del

paciente debido a su experiencia, hasta qué punto influyó su formación y apariencia emocional en su interpretación de la misma, etc.
Una comparación entre los resultados revelaría en qué difiere entre
sí la gente que ha tenido experiencias de casi muerte, y en qué difiere
con respecto al resto de la gente.

E) Se podrían estudiar y explicar por separado los distintos elementos o factores de las experiencias de casi muerte. Supongamos,
por ejemplo, que el «ruido ensordecedor» que oye la gente en el
umbral de la muerte resulta tener una explicación fisiológica concreta. Ello no querría decir que cualquier otro factor de la experiencia; por ejemplo, el encuentro con parientes y amigos anteriormente
fallecidos, tenga necesariamente la misma clase de explicación.

F) Se podría llevar a cabo una amplia investigación de las experiencias de casi muerte en contextos muy distintos al de la moderna sociedad occidental. Cabría recabar la ayuda de antropólogos para recoger
experiencias de casi muerte de miembros de otras culturas. Una cui-
dadosa revisión de nuestra literatura, folklore e historia podría arrojar
nuevos casos en nuestra propia tradición occidental. Cabría incluir un
experto en el campo de la religión comparada para buscar paralelismos
entre las numerosas creencias religiosas que existen en el mundo. Las
posibilidades son, como se puede ver, inacabables.

G) Podría reunirse en grupos a las personas que han tenido experiencias de casi muerte, para que discutiesen entre sí sus respecti-
vas experiencias. Lo he hecho en diversas ocasiones y creo que este
método reúne numerosas ventajas. Hasta ahora, la mayor parte de
la gente que ha pasado por un trance de este tipo creen haber sido
los únicos, o que sus casos son tan raros que no podrán encontrar
nunca a nadie que haya tenido una experiencia parecida.

En un grupo cabe despejar esta impresión, tanto intelectual como
emocionalmente. Se supera también el problema de comunicación.
La gente afirma que por primera vez se encuentran con otras personas que realmente les comprende, y simpatiza con ellos, a pesar de
las limitaciones y problemas que plantea el lenguaje. Al acabar una
experiencia de grupo de este tipo, un hombre se mostró entusias-

mado. «Ha sido la velada más fantástica de toda mi vida. He podido discutir cosas de las que normalmente no puedo hablar». Yo personalmente, como observador de estos grupos, he descubierto que me han permitido comprender mucho mejor que antes qué representa una experiencia de casi muerte.

Me gustaría añadir aquí dos indicaciones: me parece que el grupo óptimo son tres personas que hayan pasado por este trance; puede servir también de ayuda la presencia de los cónyuges de los participantes. Muchas veces a ellos mismos les ha costado trabajo comprender la experiencia de su mujer o marido, y puede servirles de ayuda oír a otras personas relatar una experiencia parecida.

H) Finalmente, creo que se debería prestar mucha atención a los razonamientos de aquellos que consideran estos fenómenos explicables en términos de causas naturales y conceptos científicos con los que estamos ya familiarizados; por ejemplo, la actividad eléctrica residual del cerebro. Ni que decir tiene que las ciencias naturales nos han hecho avanzar enormemente en nuestra comprensión del universo.

Estimo al mismo tiempo que no se debería caer en la tentación de aceptar simplistas explicaciones naturales sin someterlas a algún tipo de «test» o comprobación. He oído a mucha gente comentar que, «evidentemente», la explicación de los fenómenos de casi muerte es, por ejemplo, la anoxia cerebral —es decir, la falta de riego sanguíneo al cerebro—. Resulta muy fácil sacarse de la manga todas las posibles explicaciones naturales de este tipo que se quiera, pero me atrevo a sugerir que lo que se echa en falta es la demostración experimental concreta de que cualquiera de estas explicaciones es correcta. Tal como señalé en *Vida después de la vida,* lo que me hace dudar de esta clase de explicaciones simplistas es que yo puedo descubrir determinadas experiencias de casi muerte para las que ninguna de las explicaciones que se me han dado se ajuste a los hechos o situación en que se dan estas experiencias particulares.

Después de todo, hay mucha diferencia entre «explicar» un problema y limitarse a quitárselo de encima. Para lo segundo lo único que hay que hacer es reducir el fenómeno aparentemente nuevo a otro ya conocido, o afirmar que el nuevo no es sino una variante especial de fenómenos con los que estamos ya familiarizados —o creemos estarlo—. Me parece que deberíamos al menos mostrarnos receptivos a la posibilidad de que los que parecen ser fenómenos nuevos sean verdaderas anomalías; es decir, hechos que no encajan en la estructura de nuestra anterior visión del mundo, pues uno de los mayores incentivos para el avance del saber humano ha sido precisamente esta receptibilidad a lo que nuestra experiencia considera como anomalías.

5. Algunas conclusiones finales

Me permito terminar esta sección sobre metodología con algunas observaciones casuales que pueden servir de ayuda a los futuros investigadores de este fenómeno. En primer lugar, creo que los investigadores deben esquivar la tendencia a rechazar las experiencias de casi muerte como temas no dignos de ser investigados, simplemente porque determinados factores o componentes de las mismas entren en conflicto con suposiciones firmemente arraigadas acerca de la naturaleza del universo.

Reconozco que las experiencias de casi muerte contienen determinados aspectos que, desde nuestra actual perspectiva, resultan totalmente ininteligibles. Surgen, por ejemplo, aparentes incongruencias en relación con el tiempo. La actual concepción occidental del tiempo lo considera como una característica más del universo físico, que fluye constantemente de forma lineal; y, sin embargo, la gente que retorna de una experiencia de casi muerte afirma que el tiempo «se detuvo».

Carezco de respuestas para las personas que me formulan preguntas acerca de estas aparentes anomalías. No obstante, y estoy bastante seguro de que algunos físicos y filósofos se mostrarían de acuerdo conmigo, la idea del tiempo dictada por el sentido común genera por sí misma numerosas paradojas, sin tener para nada en cuenta las visiones que se producen en el umbral de la muerte. Las cuestiones y dilemas adicionales planteados por el estudio de las experiencias de casi muerte no representan sino una gota de agua en la inmensidad del océano.

Prevengo también a los investigadores que eviten la tendencia a dar por sentado que cuando una persona ha estado «muerta» y ha tenido esta experiencia debe saber ya todo lo que hayal otro lado de la muerte; pero nadie ha vuelto de un trance de este tipo considerándose infalible u omnisciente con respecto a la otra vida. Por el contrario, la mayor parte de la gente se ha mostrado genuinamente desconcertada por muchas de las cosas que experimentaron. En otras palabras, si una persona puede errar en este mundo antes de tener una experiencia de esta clase, no hay ninguna razón para creer que va a ser infalible después de volver de la «muerte».

Finalmente, nuestra comprensión de la mente humana avanzaría mucho si las personas interesadas en las investigaciones sobre las experiencias de casi muerte se ocuparan de un solo aspecto a la vez. Creo que un gigantesco proyecto de investigación destinado a demostrar que existe una vida después de la muerte representaría un error de concepción, y que, dado el actual nivel de nuestros conocimientos, resultaría excesivamente ambicioso. Lo que yo personalmente pienso es que, *dentro de un contexto puramente científico,* puede no haber nunca pruebas de la existencia de una vida después de la muerte.

Creo, por otro lado, que un elevado número de proyectos individuales de investigación, destinado cada uno de ellos a verificar alguna hipótesis experimental concreta y más limitada, podría arrojar datos científicamente utilizables acerca de las experiencias de casi muerte. Estoy además convencido de que el resultado final de la acumulación de pequeños fragmentos de conocimiento a través de estos laboriosos intentos individuales contribuiría probablemente a aclarar el tema de si hayo no una vida después de la muerte, sin que llegase a darse jamás una única prueba científica de carácter concluyente.

Intentaré ilustrar mi afirmación por medio de una analogía. Aunque mayoritariamente nosotros creemos en la existencia de los átomos, por lo que yo sé no ha habido jamás una única prueba concluyente de su existencia; lo que ha ocurrido parece ser más bien que se ha dado un prolongado desarrollo histórico del pensamiento sobre estas hipotéticas entidades. Ya cientos de años antes de Cristo, filósofos griegos, como Demócrito, habían concebido una teoría atómica de la materia. Postulaban la existencia de partículas de materia diminutas e «invisibles». Lo hicieron basándose en parte en un razonamiento abstracto, deductivo y metafísico, pero también en sus propias observaciones empíricas de diversos fenómenos naturales, como la dispersión y el desgaste imperceptible y paulatino de grandes objetos. A lo largo de siglos de desarrollo intelectual, durante los cuales se fue alternando el concepto del átomo y las técnicas para la verificación de su existencia se fueron por tanto modificando, la teoría atómica ha llegado lentamente a ser universalmente aceptada.

Creo que cabe dentro de lo posible que, de un modo parecido, casi todo el mundo pueda llegar a aceptar intelectualmente, incluso sin pruebas tajantes, que hay otra dimensión de la existencia a la cual pasa el alma después de la muerte. Recuérdese que cuando desafiamos a una persona que ha tenido una experiencia de esta clase a que *demuestre* que existe una vida después de la muerte, lo que se trasluce es nuestra propia angustia ante la posibilidad de que la muerte sea el fin de todo. Pero la mayor parte de las personas que han tenido experiencias de casi muerte no parecen interesadas en demostrárselo a otra gente. Un psiquiatra que tuvo una de estas experiencias me dijo: «Los que las han tenido, *saben*. Los que no, deberían *esperar*».

Bibliografía recomendada

EXPERIENCIAS DE CASI MUERTE Y OTRAS PARALELAS

Barrett, William, *Death-Bed Visions*, Methuen & Co., Londres, 1926.

Beda, *A History of the English Church and People*, Harmondsworth, Penguin Books, Inglaterra, 1968.

Canning, Raymond R., «Mormon Return-Frorn-The-Dead Stories», *Utah Academy Proceedings*, XLII (1965). Citado en *The Sociology of Death*, de Glen M. Vernon. The Ronald Press Co., Nueva York, 1970, págs. 64-65.

Delacour, Jean-Baptiste, *Glimpses of the Beyond*, Delacorte Press, Nueva York, 1973.

De Quincey, Thomas, *Confessions of An English Opium Ester With fu Sequels Suspiria De Profundis and The English Mail-Coach*, dir. de ed. Malcolm Elwin, Macdonald & Co., Londres, 1956.

Dobson, M., et al., «Attitudes and Long Term Adjustment of Patients Surviving Cardiac Arrest», *British Medical Journal*, Vol. 3 (1971), págs. 207-212.

Hamilton, Edith, y Huntington Cairns, dirs. de ed., *The Collected Dialogues of Plato*, Bollingten Series LXXI, Pantheon Books, Nueva York, 1961.

Hunter, R. C. A., «On the Experience of Nearly Dying», *American Journal of Psyquiatry*, 124 (1967), págs. 122-126.

Jackson, Kenneth H. *A Celtic Miscellany*, Routledge & Kegan Paul, Ltd., Londres, 1971.

James, William, *The Varieties of Religious Experience*, New American Library, Nueva York, 1958.

Jung, C. G., *Memories. Dreams and Reflections*, dir. de ed. Aniela Jaffé, Vintage Books, Nueva York.

Kübler-Ross, Elisabeth, *On Death and Dying,* Macmillan, Nueva York, 1969.

Neihardt, John G., *Black Elk Speaks,* Pocket Books, Nueva York, 1972.

Noves, Russell., «The Experiencie of Dying», *Psiquiatry,* Vol. 35 (1972), págs. 174-184.

Noyes, Russell, y Roy Kletti, «Depersonalization In The Face Of Life-Threatening Danger: A Description», *Psyquiatry,* Vol. 39 (1976), págs. 19-27.

Osis, Karl, *Deathbed Observations by Physicians and Nurses.* Parapsychological Monographs, núm. 3, Parapsychology Foundation, Nueva York, 1961.

Osis, Karl, «What Dot The Dying See», *Newsletter of the American Society For Psychical Research,* 24 (invierno de 1975).

Pandey, Carol, «The Need For The Psychological Study of Clinical Oeath», *Omega,* Vol. 2 (1971), págs. 1-9.

Ritches, George, *Return From Tomorrov,* Chosen Books, Lincoln, Virginia, 1977.

Tylos, Edward B., *Primitive Culture,* Vol. II, Henry Holt and Company, Nueva York, 1874.

Uekshuell, K., «Unbelievable For Many, But Actually a True Occurrence», *Moscow Journal* (finales del siglo xix). Traducido y publicado en *Orthodox Life,* Vol. 26. núm. 4 (1976), págs. 1-36.